돈과 금융
쫌 아는 10대

풀빛

'푸어족'이라고
들어 봤니?

예를 하나 들어 볼게. '워킹 푸어'(Working Poor)는 무슨 뜻일까? 직장은 있지만 아무리 일을 해도 가난을 벗어나지 못하는 사람을 가리키는 말이야. 1990년대 중반에 미국에서 나온 말인데 2000년대 중반부터 세계적으로 널리 사용되었어. 한국에서는 워킹 푸어에 이어 다양한 푸어족(poor族)이 등장하며 '푸어 시리즈'가 생겨났지. 대출을 받아 집을 사고 이자를 갚느라 허리가 휘는 '하우스 푸

> 얘, 걱정 말고 나한테 보내~
> 내가 제대로 알려줄게.

어'(House Poor), 결혼 준비로 돈을 다 써 버린 '웨딩 푸어'(Wedding Poor), 아기를 키우느라 쪼들리는 '베이비 푸어'(Baby Poor), 자녀 교육비로 빈털터리인 '에듀 푸어'(Edu Poor), 쇼핑을 하거나 비싼 차를 무리하게 사고 거덜 난 '쇼핑 푸어'(Shopping Poor)와 '카 푸어'(Car Poor), 은퇴 후 생활비가 부족한 '실버 푸어'(Silver Poor) 등 돈 걱정에서 벗어나지 못하는 사람들이 넘쳐 났어.

한 온라인 취업 포털 사이트에서 한국 직장인을 대상으로 조사한 바에 의하면 2013년에는 응답자의 71.5퍼센트, 2016년에는 응답자의 70.4퍼센트가 스스로 푸어족이라고 대답했어. 게다가 푸어족이라고 대답한 사람의 절반 이상이 앞으로도 푸어족을 벗어날 수 없다고 생각한다는 거야.

소득 양극화가 심해지면서 늘어난 워킹 푸어는 개인의 노력만으로는 벗어나기 어려워. 열심히 일하면 생계비는 해결되는 경제 환경을 만드는 건 정부와 기업, 개인이 함께 풀어야 할 숙제이지.

평생 푸어족으로 사는 건 생각만 해도 끔찍하지? 돈 버는 사람은 돈 모으는 사람을 당할 수 없어. 아무리 소득이 많아도 모두 소비해 버리면 돈을 모을 수 없으니까 말이야. 그런데 돈 모으는 사람은 돈 관리하는 사람을 이길 수 없단다. 많은 돈을 모았어도 돈 관리를 잘못하면 한순간에 빈털터리가 될 수 있거든. 그러니까 돈 모으기, 돈 불리기, 돈 지키기를 제대로 할 수 있는 돈 관리 방법을 알아야 해.

　돈 관리를 잘하는 방법을 꼭 알고 싶다고? 네가 처음부터 영어 책을 읽고 어려운 수학 문제를 풀었던 건 아니잖아. 그렇게 될 때까지 시간과 노력이 필요했을 거야. 마찬가지로 돈 관리도 잘하려면 시간과 노력을 들여야 해. 이 책을 읽으며 돈과 금융에 대한 지식을 쌓고, 재무 설계는 어떻게 하는지, 네게 맞는 금융 상품은 어떻게 고르는지 알아보렴. 그리고 이를 활용하여 실제 돈 관리를 하면서 경험을 쌓아야 해.

차례

들어가는 글　　　　　　 '푸어족'이라고 들어 봤니? **5**

1　　　　　　 ## 부자가 되고 싶다고?

헉, 내가 금융 문맹이라니! **13**

왜 금융 이해력이 필요할까? **18**

돈 걱정 날려 버리는 생활 습관 **21**

차곡차곡 돈을 모으고, 슬금슬금 불리자 **25**

2　　　　　　 ## 진화하는 돈

주화는 언제 만들어졌지? **31**

누가 지폐를 처음 만들었을까? **36**

플라스틱 머니가 뭐야? **41**

암호화폐도 돈일까? **48**

3　　　　　　 ## 차근차근 알아가는 금융

없는 게 없는 금융 백화점 **57**

은행의 은행을 소개할게 **62**

왜 주식과 채권을 발행할까? **64**

주식 투자를 해 보고 싶다고? **69**

쉬지 않고 변하는 주가 **73**

예상치 못한 위험 대비는 보험으로 **78**

4 이 정도는 알고 금융 투자를 해야지

금리는 돈을 빌리는 가격이야 **85**

72의 법칙 **89**

돈 가치가 떨어지면 물가가 올라 **92**

올라가는 기준 금리, 줄어드는 통화량 **97**

마이너스 금리가 뭐지? **102**

신용이 나쁘면 돈을 빌릴 수 없어 **104**

5 금융 투자는 여윳돈으로 신중하고 길게

금융 상품을 고를 때 따져 볼 세 가지 **111**

닷컴 버블의 교훈을 명심하자 **114**

결국은 Back to the Basics **119**

직접 투자가 망설여지면 간접 투자부터 **122**

계란을 한 바구니에 담지 마라 **127**

6 다양한 금융 상품, 어떻게 고를까?

우선 재무 설계를 하자 **135**

경제 흐름을 읽는 안목을 기르자 **139**

포트폴리오, 그때그때 달라요! **145**

물고기 잡는 법을 알면 **149**

욕심을 부리면 판단이 흐려져 **151**

투자 성향을 알고, 이것저것 따져 보고 **157**

나가는 글　　　　　돈의 주인도, 하인도 되지 말자 **165**

1

부자가 되고 싶다고?

헉, 내가 금융 문맹이라니!

어서 와. 더운데 여기까지 오느라 수고했어. 네 엄마는 네가 늦둥이라 강하게 키울 거라고 늘 말했어. 정말 엄마가 바라는 대로 아주 씩씩하고 듬직하게 잘 자랐네. 사진을 보니 누나는 어엿한 숙녀가 되었더라. '꿈을 찾아 떠난 여행' 숙제 때문에 우리 집에 온 거라며. 혹시 네 꿈이 나처럼 재택근무를 하는 프리랜서니? 그게 아니라 부자라고? 보통 꿈이 뭐냐고 물어보면 교사, 의사, 경찰관, 운동선수, 과학자 같은 직업을 말하는데 네 대답은 좀 특이하다. 아무튼 환영해.

부자가 꿈인데 왜 하필 나를 찾아왔어? 아하, 엄마가 항상 내

친구가 잘 산다고 부러워했던 말이지? 그래서 틀림없이 내가 부자라고 생각했고? 어쩌나, 난 엄청난 부자는 아니고, 노후를 잘 보낼 만큼 준비한 정도인데. 그래도 뭔가 이야기를 듣고 숙제는 해야 할 테니, 돈 걱정하지 않고 사는 비결이라도 들려줄까?

유럽 증권시장의 전설적인 투자자 앙드레 코스톨라니는 짧은 기간에 부자가 되는 방법으로 세 가지를 꼽았어.[*] "첫째, 부유한 사람과 결혼한다. 둘째, 유망한 사업 아이템을 갖는다. 셋째, 투자를 한다." 여기에서 가장 일반적인 방법은 투자야. 어른들이 흔히 말하는 재테크를 투자라고 보면 돼. 재테크는 한자로 재물을 뜻하는 '재'(財)와 영어로 기술이라는 뜻인 '테크닉'(technic)을 합친 말이야. 즉 땅이나 건물 같은 부동산을 사거나 금융 상품 등에 돈을 맡겨서 투자 금액 이상으로 돈을 불리는 기술이지. 재테크를 위한 투자 대상은 다양한데, 내가 자신 있게 말해 줄 수 있는 건 투자의 첫걸음인 금융 투자 이야기야. 알다시피 난 외국 은행에서 오래 일했던 금융 전문가잖아.

우선 네 금융 이해력 수준부터 알아보자. 어디서부터 이야기를 시작할지 가늠해야 하니까. 금융 이해력은 일상적 금융거래를 이해하고, 실제 생활에서 금융 지식을 활용하며, 금융 선택에 따른

[*] 《돈, 뜨겁게 사랑하고 차갑게 다루어라》, 앙드레 코스톨라니, 미래의창, 2015.

책임을 이해하는 능력이야. 지능지수(Intelligence Quotient)와 감성지수(Emotional Quotient)는 알지? 금융 이해력 지수는 FQ라고 해. '금융'(Financial)과 '지수'(Quotient)를 합친 말이지. 우리나라에서는 2년마다 18~79세 성인을 대상으로 전 국민 금융 이해력 조사를 해. 이게 2020년 조사에 사용된 질문지야. 금융 지식과 금융 행위, 금융 태도를 알아보는 거지. 우선 금융 지식 관련 질문을 읽어 보고 답을 적어 봐.

전 국민 금융 이해력 조사

1. 응답자 특성

DQ1) 연령 : 만(   )세
DQ2) 성별 : 1. 남성   2. 여성

2. 금융 지식

문1) 귀하가 백만 원을 선물로 받게 되었습니다. 그런데 이 돈을 1년 후에 받게 되고, 물가상승률(인플레이션율)은 3퍼센트를 유지한다고 가정할 경우, 귀하가 1년 후에 받을 돈으로 살 수 있는 물건의 양은 지금 돈을 받아서 살 경우에 비하여 어떻겠습니까?

1. 지금보다 더 많다   2. 동일하다
3. 지금보다 더 적다   4. 구매하려는 물건의 종류에 따라 다르다
97. 모름   99. 응답 거부

문2) 어느 날 저녁에 귀하께서 친구에게 10만 원을 빌려주었는데 친구가 다음날 10만 원을 돌려주었습니다. 이 경우 친구가 지불한 대출이자 는 얼마입니까?

답 : (   )원   97. 모름   99. 응답 거부

문3) 수수료와 세금이 없으면서 연 2퍼센트의 이자를 보장하는 1년 만기 정기예금에 백만 원을 입금한 후 추가적인 입·출금이 없었다면, 1년 뒤 동 계좌에는 얼마의 돈이 남아 있겠습니까?

답 : (   )원   97. 모름   99. 응답 거부

문4) 그러면 수수료와 세금이 없고 연 2퍼센트의 이자를 보장하는 1년 만 기 정기예금을 찾지 않고 5년 동안 입금해 둔다면(이자는 매년 지급) 5 년 후에 동 계좌에는 얼마의 돈이 있겠습니까?

1. 110만 원 초과   2. 110만 원
3. 110만 원 미만   4. 주어진 정보로는 말할 수 없음
97. 모름   99. 응답 거부

문5) 다음의 설명에 대해 옳다고 생각하시면 '예', 틀리다고 생각하시면 '아 니오'로 응답해 주십시오.

항목	예	아니오	모름	응답 거부
1) 수익률이 높은 투자는 상대적으로 큰 위험을 수반할 것이다(어떤 사람이 귀하에게 큰 돈을 벌 수 있는 기회를 제안 한다면 큰 돈을 잃어버릴 가능성도 있다)	1	0	97	99
2) 높은 인플레이션은 생활비가 빠르 게 증가한다는 것을 의미한다	1	0	97	99
3) 일반적으로 주식시장에서 여러 주 식을 구입함으로써 투자 위험을 줄 일 수 있다(돈을 여러 곳에 투자하면 돈 을 전부 잃어버릴 가능성이 낮아진다)	1	0	97	99

아이고, 겨우 한 문제만 맞혔네. 금융 지식 점수는 14.3점. 금융 문맹 수준인 걸. 화났니? 미안해. 무안을 줄 의도는 아니었는데. 금융 문맹이라고 말한 걸 사과할게. 사실 너의 금융 이해력이 떨어지는 건 네 탓이 아니야. 금융 교육이 제대로 이루어지지 않아서 어른들조차도 돈 관리를 제대로 못하는 게 현실이니까.

2020년에 실시한 전 국민 금융 이해력 조사 결과, 한국 성인의 금융 이해력 점수는 66.8점이었어. 그래도 2018년 조사(62.2점)보다 4.6점 올랐고, OECD(경제협력개발기구) 평균(2019년, 62.0점)보다 약간 높아졌지. 그런데 절반 정도의 사람들이 OECD의 최소 목표 점수보다 낮은 점수를 받았어. 게다가 저축보다 소비를 좋아하고, 미래보다 현재의 삶을 중시하고, 돈은 쓰기 위해 있다고 생각하는 사람의 비중이 다른 나라보다 높았지. 미래 준비에 좀 소홀한 경향을 보인 거야. 2018년 기준 한국의 65세 이상 노인의 빈곤율은 43.8퍼센트로, OECD 34개국 평균인 14.8퍼센트와 비교하면 엄청 높아. 이런 걸 보면 한국 사람들은 돈 관리를 제대로 하지 못한다고 할 수 있어.[*]

그렇다고 다른 나라 사람들의 금융 이해력도 그리 대단한 건 아닌가 봐. 미국의 연방준비제도이사회 의장이었던 앨런 그린스

[*] '빨리빨리 늙어 가는 한국, 노후 준비는 꼴찌', 머니투데이, 2021.3.30일자 기사.

편이 "현재 세대와 경제에 있어서 가장 큰 문제는 금융 이해력이 부족하다는 점이다."라고 말한 걸 보면 말이야.

이어지는 금융 행위와 금융 태도 관련 문제는 풀지 않아도 돼. 네게 무엇부터 설명해야 할지 대충 감을 잡았으니까. 모르는 말이 나오면 바로 물어봐. 되도록 쉽게 설명할 거지만 무심코 전문용어를 사용할 수 있거든. 전체 설문지가 궁금하다면 QR 코드를 따라가서 풀어 보렴.

왜 금융 이해력이 필요할까?

돈은 계속 돌고 돌며 흐름을 멈추지 않아야 해. 경제를 살리려고 돈을 풀었는데도 '돈맥경화'로 돈이 돌지 않는다는 말을 들어 봤니? 돈이 어딘가에서 잠자고 있어서 돈의 흐름에 문제가 생겼다는 말이야. 금융은 여윳돈이 있는 사람과 돈을 필요로 하는 사람을 연결해서 돈의 흐름이 원활해지도록 도와주는 활동이지. 돈은 경제의 혈액이야. 돈이 경제활동이 일어나는 모든 곳을 쉬지 않고 잘 돌아다녀야 경제가 원활하게 돌아가. 심장이 피가 우리 몸 구석구석을 끊임없이 돌아다니게 하는 펌프 역할을 하는 것처럼,

　　　　　　돈의 흐름에도 심장 역할을 하는 곳이

　　　있어. 바로 금융회사야. 금융회사는 돈을 가진 사람과

돈을 필요로 하는 사람 또는 기업을 중개하는 역할을 하거든.

　　돈과 금융의 역할을 듣고 나니 돈 관리를 잘하려면 우선 돈과

금융이 무엇인지 알아야 할 것 같다고? 와, 내가 말하려는 걸 제

대로 파악했는데. 맞아! 금융 이해력이 있어야 자신에게 맞는 돈

관리 방법을 찾을 수 있어.

　　은퇴 후 생애 기간이 그리 길지 않았던 시절에는 돈 관리의 중

요성이 크지 않았어. 그런데 평균수명이 늘어나 우리가 대비해야

하는 노후 기간이 계속 길어지면서 사정이 달라졌지. 1980년의

한국인 평균 수명은 65.7세였고, 1990년에는 71.3세였어. 60세 정도까지 일하며 돈을 번다고 보면 1990년대까지는 일하며 돈을 벌고, 소득의 일부를 저축하여 노후 자금을 조금만 준비해 두면 그럭저럭 살아갈 수 있었어. 그런데 2019년에 한국인의 평균 수명은 83.3세로 늘어났어. 이런 추세가 계속되면 곧 100세 시대가 올 거고, 은퇴 후 기간이 엄청나게 길어질 거야. 돈 관리를 잘해서 노후 대비를 해 놓지 않으면 나이가 들어서 큰 낭패를 볼 게 뻔하지.

또한 하루가 다르게 생활환경이 복잡해지고 있어서 자칫하면 잘못된 판단을 내릴 위험도 커졌어. 예전에는 금융 상품을 고를 때 정기예금, 정기적금, 보통예금 정도만 알면 됐지. 이제는 상품

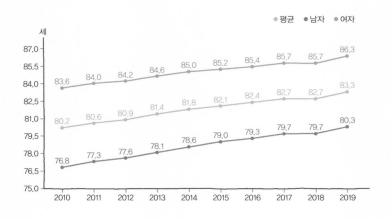

● 한국인의 평균 수명(2010~2019년)(자료: 통계청) ●

종류가 너무 다양하고, 성격도 복잡해졌어. 모르고 잘못 투자하면 돈을 불리기는커녕 종잣돈도 모두 날려 버릴 위험이 높아진 거야. 종잣돈이란 어떤 돈의 일부를 떼어 일정 기간 동안 모아 묵혀 둔 것으로, 더 나은 투자나 구매를 위해 밑천이 되는 돈을 말해. 그런데 금융을 잘 모르면 잘못된 선택을 하게 되고, 잘못된 선택으로 삶이 파탄 나는 결과로 이어지는 거지.

그린스펀은 사람이 살아가는 데 있어서 금융 이해력은 항해를 위해 필요한 나침판 또는 GPS라고 했어. 이처럼 금융이 삶의 일부가 된 시대에서 살아야 하니 금융을 모르면 눈뜬장님이나 마찬가지라서 금융 문맹이라고 하는 거야.

돈 걱정 날려 버리는 생활 습관

해박한 금융 지식을 가졌지만 제대로 돈 관리를 하지 못한다면 그 금융 지식은 아무 쓸모도 없어. 그러니까 금융 이해력을 높이는 일보다 더 중요한 건 돈 관리를 잘하기 위한 생활 습관을 익히는 일이야. 내가 돈 관리를 잘하는 건 우리 어머니 덕분이야. 유산을 많이 받았느냐고? 그게 아니라 어머니께 제대로 돈 관리를 하는 데 필요한 생활 습관을 자연스럽게 배웠거든.

어머니는 내가 어릴 때부터 귀에 딱지가 앉도록 이런 말씀을 하셨어.

"버는 돈보다 쓰는 돈이 적어야 돈을 모을 수 있어. 버는 대로 돈을 쓰면 평생 가난뱅이로 살게 돼. 살다 보면 무슨 일이 생길지 모르니까 비상시를 대비해서 여윳돈을 가지고 있어야 해."

지출은 반드시 수입의 범위 안에서 해야 한다는 걸 늘 강조하신 거야.

그리고 항상 생활비를 어디에 얼마나 쓸지 계획을 세우고, 가계부를 쓰셨어. 알뜰살뜰하게 살림을 꾸려 가며 꼬박꼬박 저축했고. 어머니는 금융 교육이라는 말은 몰랐지만 나와 내 동생에게 자연스럽게 금융 교육을 한 셈이지. 어머니는 지금도

생활비를 스스로 해결하셔. 모아 둔 돈이 제법 되는 것 같아. 손자와 손녀를 만날 때마다 항상 용돈을 주시는 걸 보면 말이야.

매달 용돈을 받니? 받으면 일부를 저축하고? 항상 용돈이 부족해서 쩔쩔 매느라 저축할 여유가 없다고? 그럼 용돈의 일부를 먼저 저축하고 남은 돈의 범위 내에서 소비하는 습관을 익혀 보렴. 예산을 세워서 용돈을 쓰면 저축을 하더라도 용돈이 부족해서 쩔쩔 매게 되지 않을 거야. 예산을 어떻게 세우냐고? 매월 용돈에서 저축은 어느 정도 할지, 학용품이나 준비물을 사는 데 얼마를 쓸지, 군것질하거나 놀이를 위해 쓸 돈은 얼마인지를 따져 보고 계획을 세우면 돼.

예산을 짤 때 예상하지 못했던 일로 돈을 쓰게 되어 돈이 부족하면 어떻게 해야 할까? 비상시를 위해서 저축했던 돈을 찾아 쓸 수 있어. 또 부모님께 사정을 말씀드리고 다음 달 용돈을 앞당겨 받을 수도 있지. 그런데 이보다 먼저 할 일은 계획된 지출 중에서 줄일 수 있는 부분이 있는지 살펴보며 다시 예산을 짜는 거야. 꼼꼼히 살펴보면 군것질이나 놀이를 위한 지출 같은 건 줄일 수 있잖아. 그러니까 용돈이 부족할 때 가장 먼저 할 일은 꼭 필요하지 않은 지출을 찾는 거야.

어른들도 실제로 돈을 쓰다 보면 예산과 어긋나는 경우에 맞닥

뜨려. 예상하지 못했던 일로 돈을 써야 할 일이 생기거나, 물건 가격이나 각종 요금이 갑자기 오르기도 하거든. 이런 경우 예산을 다시 짜야 해. 새로이 예산을 세울 때도 반드시 정해진 소득의 범위 내인지 따져 봐야 해. 들어오는 돈보다 많은 돈을 썼다면 저축했던 돈을 찾거나 빚을 져야 되잖아. 어쩌다 지출이 소득의 범위를 벗어나는 건 넘길 수 있어. 하지만 소득보다 지출이 많은 경우가 연거푸 일어나면 안 되니까 줄일 수 있는 지출은 줄여야 해. 계속 소득보다 많은 지출을 한다면 우리 어머니 말씀처럼 '거지꼴을 면할 수 없을' 테니 말이야.

지금까지 말한 돈 관리를 잘하기 위한 생활 습관을 정리하면,

첫째, 돈을 쓰기 전에 예산을 세운다.

둘째, 용돈을 받으면 일정한 금액을 먼저 저축한다.

셋째, 돈을 쓸 때 꼭 필요한 지출인지 다시 따져 본다.

어때, 그리 어려운 일이 아니지? 이런 습관을 가진 사람이 되면, 평생 돈 걱정하지 않고 살 수 있을 거라고 장담해.

차곡차곡 돈을 모으고, 슬금슬금 불리자

이렇게 싱싱한 상추를 먹어 본 적이 없다고? 시골 사는 재미 중 하나가 바로 직접 수확한 싱싱한 채소와 과일을 먹는 거야. 이런 걸 먹으면 몸이 저절로 건강해지는 걸 느끼지. 씨앗을 심고 싹이 나오고 자라는 걸 보면서 느끼는 기쁨도 아주 커. 그런데 말이야. 봄에 상추 씨앗을 심고, 모종을 옮겨 심고, 계속 물을 주는 등 정성을 들이지 않아도 이처럼 상추가 잘 자랄까? 돈이 불어나는 것도 상추를 키우는 것과 같아. 돈 불리기의 첫 걸음은 씨앗을 마련하는 것, 즉 씨앗에 해당하는 종잣돈을 모으는 거지. 정성껏 씨앗을 뿌리고 자라는 동안 부지런히 돌보지 않으면 거두어들일 게 없는 것처럼, 확실하게 돈을 늘리는 방법을 알고 있어도 종잣돈이 없다면 돈이 불어날 수 없지.

우선 중학생인 네가 종잣돈을 모을 방법을 생각해 보자. 뭐가 있을까? 그렇지! 용돈을 받으면 일정한 금액을 먼저 저축해. 또 생일이나 설날에 받은 특별 용돈이나 세뱃돈을 아껴서 종잣돈을 마련할 수 있을 거야. 그러니까 예산을 짤 때 저축에 대한 계획부터 세우도록 해.

종잣돈 모으기 계획을 너무 장기적으로 세우면 목표를 달성하기 전에 지쳐서 포기할 수 있어. 그러니까 우선 실천 가능한 계획부터 세워 봐. 예를 들면 '1년 안에 종잣돈 100만 원 만들기' 또는 '매월 용돈의 50퍼센트와 특별 용돈은 무조건 저축하기' 등 쉽게 달성할 수 있는 목표를 정하는 거지. 목표를 달성하고 성취감과 만족감을 맛보고 나면 다음 목표를 정하고 실천하는 일은 더 쉬워. 1년 안에 종잣돈 100만 원을 만들고 싶은데, 한 달 용돈이 5만 원이라 힘들다고? 네가 용돈을 군것질처럼 꼭 필요하지 않는 소비를 하는 데 모두 쓰고 용돈이 부족하다고 하면 더더욱 부모님은 용돈을 주는 데 인색해져. 그런데 예로 든 것처럼 구체적인 계획

을 말하면서 용돈을 올려달라고 부탁한다면? 아마도 부모님이 예산에 여유가 있다면 네 용돈을 올려 주실 거야. 당장은 어렵다 하더라도 나중에는 용돈을 올려 줄 생각을 하실 거고. 네가 스스로 돈 관리를 해 보겠다고 할 만큼 성장했다고 감격하셨을 테니까.

차곡차곡 종잣돈을 모았다면 이제 슬금슬금 돈이 불어나게 만들어야겠지? 말하자면 재테크를 하는 거지. 아직은 네가 부동산 투자를 할 정도로 종잣돈을 모을 수는 없을 테니, 고를 수 있는 투자 대상은 금융 상품 중 하나일 거야.

2

진화하는 돈

주화는 언제 만들어졌지?

금융 투자는 '돈'과 '금융'이라는 숲에서 '나무를 키우는 것'이라고 할 수 있어. 숲의 토양과 성질을 알아야 나무를 제대로 키울 수 있듯이, 돈과 금융을 알아야 금융 투자를 잘할 수 있지. 그래서 금융 투자 이야기보다 먼저 돈과 금융 이야기부터 할게.

돈이 뭐지? 한국에서 사용하는 돈은 한국은행이 발행하는 '화폐'를 일컬어. 아이스크림이 먹고 싶을 때 필요한 돈은 아이스크림을 사기 위한 '지불수단'을 뜻하지. 유명 운동선수가 버는 돈은 '소득'이고, 옆집 할아버지가 돈이 많은 부자라면 '재산'이 많다는 뜻이지.

우선 가장 좁은 의미의 돈, 누구에게나 인정받을 수 있는 지급 수단인 화폐에 대해 알아보자. 화폐의 기능은 크게 세 가지로 나뉘어. 역사상 최초의 화폐인 물품화폐는 물물교환의 불편함을 덜기 위해 탄생했어. 이런 사실로 짐작할 수 있듯이, 화폐의 기본 역할은 '교환의 매개 수단'이야. 그리고 재화와 서비스의 가치를 나타내는 기준인 '가치 척도의 기능'을 가지고 있어. 돈을 주면 언제든지 화폐에 표시된 가치에 해당하는 거래를 할 수 있으니까 '가치 저장의 수단' 역할도 하고.

　　어머나, 졸린 눈이네. 아까 점심에 상추쌈을 먹어서 그러니? 상추쌈을 먹으면 졸린다더니 정말 그런가 보다. 여기 온다고 아침 일찍부터 서둘러서 더 그럴 거야. 너도 여행을 좋아한다고 들었는데, 잠이 달아나게 잠시 여행 이야기를 할까? 난 일에서 잠시 떠나고 싶을 때 여행을 해. 하지만 여행을 하다 보면 항상 관심 있는 분야인 경제와 관련된 장소를 우선으로 둘러보게 되더라고.

　　돈 이야기를 하던 중이니 코펜하겐의 덴마크 국립박물관에 갔을 때 이야기를 해 줄게. 이 박물관에는 고대 로마와 그리스의 주화를 비롯한 다른 문화권의 화폐를 전시한 화폐관이 있어. 여행을 가면 아는 만큼 보이고, 보는 만큼 감동한다고 하지? 이곳을 돌아보던 중 너무 감격해서 나도 모르게 큰 소리로 감탄사를 지

내가 제일 부자라는 증거지, 하하!

리디아 왕국에서 발행한 호박금 주화(출처: 위키미디어 커먼즈)

르고 말았어. 크로이소스왕이 만든 주화를 직접 보게 된 순간이

었지.

아, 크로이소스왕을 모르는구나. 크로이소스

왕은 부자의 대명사야. 엄청난 부자를 일컬을 때

영어로는 'rich as Croesus(크로이소스만큼 부자인)'라

와!!
황금 돈이잖아!
딱 하나만
갖고 싶다...

고 하거나, 'richer than Croesus(크로이소스보다 더 부자인)'라고 하거든. 그는 동서양을 이어 주는 길목에 위치했던 리디아 왕국의 마지막 왕이었어. 크로이소스왕은 금속 조각에 무게만 표시했던 금속화폐 대신 금속을 일정한 모양으로 만들어서 왕이 금속의 가치를 보증하는 주화가 편리할 거라고 판단했지. 그래서 리디아 왕국에서 많이 생산되었던 금과 은의 천연 합금인 호박 금을 이용해서 세계 최초로 주화를 만들었어. 주화의 앞면에는 리디아왕을 상징하는 그림을 넣었고, 뒷면에는 주화의 가치와 무게를 보증하는 인장을 찍었어. 사진으로만 보던 이 주화를 눈으로 직접 보게 되었으니, 너무 좋아서 감정을 자제하지 못하고 소리를 지를 수밖에!

일정한 시설을 갖추고 물건을 파는 상점이 최초로 생긴 곳도 리디아 왕국이었어. 주화 덕분에 경제활동이 활발해진 리디아 왕국은 아주 부자 나라가 되었단다. 마음대로 돈을 만들 수 있었던 크로이소스왕은 세계 최고의 부와 막강한 권력을 가졌다고 자부했어. 아테네의 정치가 솔론을 만났을 때, 왕은 세상에서 가장 행복한 사람이 누구냐고 질문했다고 해. 솔론이 틀림없이 자기를 지목할 거라고 확신하면서 말이야. 하지만 솔론은 선하고 건강하게 살다가 영화롭게 죽은 평범한 사람들을 지목하여 왕을 실망시켰나 봐. 그리고 많은 황금도 쇠로 만든 무기가 들어오면 힘을

잃을 거라고도 했다는구나. 솔론의 예언처럼 금으로 부자가 되었
던 리디아 왕국은 철제 무기를 앞세워 침략했던 페르시아에 정
복되어 멸망하고 말았지.

그러나 리디아 왕국에서 만든 주화는 사라지지 않았어. 그리스
를 비롯한 동서양 여러 지역에 영향을 주어 수백 곳의 도시 국가

물물교환	물품화폐	주화	은행권	플라스틱 머니	디지털 화폐

	기원전 3000년	기원전 560년	1661년	1950년	?

• 지불 수단의 역사 •

에서 주화를 만들게 되었지. 주화로 인해 물건을 사고파는 거래가 쉬워지자 상업은 눈에 띄게 발달하게 되었고.

여행이 아니라 결국 돈 이야기라 속았다고? 하하. 그래도 잠은 달아난 것 같은데.

참, 위에 있는 그림은 지불 수단의 역사를 간략하게 나타낸 거야. 기원전 560년에 등장한 주화, 이게 바로 크로이소스왕이 만든 주화란다.

누가 지폐를 처음 만들었을까?

지폐의 등장은 지불수단의 역사에서 주화 제조 다음으로 획기적인 사건이야. 세계 최초의 지폐는 10세기 말 중국 상인들이 발행했던 '교자'야. 하지만 상인들이 발행한 교자는 완전한 믿음을 주는 지폐는 아니었지. 그래서 1160년부터 송나라 정부는 교자 발행을 금지하고 직접 지폐를 발행했어. 송나라에 이은 원나라에서는 '교초'라는 지폐가 사용되었고, 원나라 정부의 적극적인 지폐 사용 정책에 힘입어 13세기 말쯤에는 지폐가 지불수단으로 확고하게 자리 잡았단다. 중국의 지폐 사용은 베네치아 상인 마르코 폴로의 여행 이야기를 담은

짠~

이거 '교초'라해.

마르코폴로

와우~
멋짐 뿜뿜!!

책《동방견문록》을 통해 유럽에도 알려졌지. 그런데 14세기 초부터 교초는 더 이상 지불수단으로 사용되지 못했어. 원나라 정부가 지나치게 많은 교초를 발행하자 화폐가치가 떨어져 교초에 대한 믿음이 사라져 버렸거든.

그런데 왜 앞에서 본 '지불 수단의 역사' 그림에는 지폐가 등장한 시기를 17세기(1661년)로 해 두었냐고? 잠깐만, 현재 여러 나라에서 사용되는 지폐를 살펴보면 모두 돈을 발행한 은행의 명칭이 표기되어 있어. 이처럼 은행이 발행한 지폐를 은행권이라고 해. 현재의 화폐 제도는 1660년대 스웨덴에서 발행한 은행권에서 시작되었으니 그렇게 나타낸 거야.

● 1661년에 스톡홀름 은행이 발행했던
세계 최초의 은행권(출처: 위키미디어 커먼즈) ●

세계 최초로 은행권을 발행한 나라는 스웨덴이지만, 예금을 받고 대출을 해 주는 상업은행이 가장 먼저 뿌리 내린 나라는 영국이야. 17세기 런던에는 다양한 금 세공품을 만드는 일을 했던 골드스미스(Goldsmith)들이 있었어. 이들은 사람들이 맡긴 금화와 귀금속을 보관해 주는 일도 함께했지. 사람들이 금화나 귀금속을 맡기면 보관 영수증인 골드스미스 노트(Goldsmith Note)를 써 주었고, 이를 가져가면 맡아 둔 금화나 귀금속을 돌려주었단다. 시간이 흐르면서 사람들은 원할 때마다 금화로 바꿀 수 있는 노트를 금화와 똑같이 생각했어. 그리고 물건을 살 때마다 노트를 금화로 바꾸지 않고 바로 노트로 값을 치르게 되었지.

골드스미스 노트가 돈을 대신하는 지불수단이 되자 사람들은 돈을 빌리듯 이자를 주고 노트를 빌렸어. 시간이 흐르면서 골드스미스들은 놀라운 사실을 깨달았어. 오랜 기간이 지나도 일정 부분의 노트에 대해서는 교환 요구가 없다는 걸 눈치 챈 거야. 곧바로 노트로 지불하면 되니까 굳이 물건을 사기 위해 금화나 귀금속을 찾을 필요가 없었지. 또 하나, 노트를 금화나 귀금속으로 돌려달라는 사람들이 한꺼번에 몰려들지 않는다는 것도 알게 되었어. 사람마다 금화나 귀금속을 찾아야 할 이유와 시기가 다르니까 그럴 수밖에.

그러자 골드스미스들은 꾀를 부렸어. 실제로 맡아 둔 금화나 귀금속보다 더 많은 양의 노트를 만들어서 이자를 받고 빌려주게 된 거야. 돈벌이에 신이 난 골드스미스들은 본업인 금 세공은 뒷전으로 하고 보관 영수증을 만들어 빌려주는 일에 몰두했지. 나중에는 아예 은행을 만들고, 은행권인 지폐도 발행했어. 그런데 은행들이 욕심을 부려 슬금슬금 이자를 높이자 사람들의 불만이 높아졌단다.

1688년에 명예혁명을 성공시켰던 영국의 신흥 귀족들도 돈벌이가 되는 금융시장에 눈독을 들였어. 기존 은행에 대한 사람들의 불만은 이들이 금융시장에 진출할 수 있는 좋은 핑곗거리가 되었지. 신흥 귀족들은 프랑스와의 전쟁으로 빈털터리가 된 국왕 윌리엄 3세에게 전쟁 비용을 빌려주기로 하고, 1694년에 잉글랜드 은행을 만들었어. 세월이 흐르면서 힘이 강해진 신흥 귀족들은 다른 은행들도 돈을 발행할 수 있는 제도가 못마땅했지. 결국 국왕을 부추겨 1844년에 화폐 발행은 오직 잉글랜드 은행만 할 수 있다는 법을 만들었어. 잉글랜드 지역의 다른 은행들은 더 이상 화폐를 발행하지 못하게 된 거야. 이는 대부분의 나라에서 중앙은행만이 돈을 발행하는 오늘날의 제도를 이끌어 내는 계기가 되었어. 아, 배고파. 우리 일단 밥먹고 얘기하자!

• 영국의 중앙은행인 잉글랜드 은행(출처: 위키미디어 커먼즈) •

플라스틱 머니가 뭐야?

저녁 식사는 어땠어? 음식 맛과 분위기, 서비스 모두 별 다섯 개라고? 너도 이곳이 마음에 드는가 보구나. 손님이 올 때마다 내가 즐겨 찾는 곳이야. 주인이자 셰프인 분은 전직 중학교 선생님이신데, 자기가 만든 음식을 먹으며 행복해 하는 사람을 보는 게 좋아서 퇴직 후에 식당을 운영하고 있대. 스테이크까지 먹었는데 총 4만 2,000원. 가격도 별 다섯 개! 그 정도라면 감사의 뜻으로 네가 계산한다고? 하하, 돈 버는 내가 용돈 받는 네게 밥을 얻어 먹으면 안 되지. 그리고 너는 직불카드만 가지고 있다고 들었는데, 여기는 신용카드로만 결제가 된단다. 플라스틱 머니라도 모두 같은 건 아니야.

플라스틱 머니가 뭐냐고? 플라스틱 머니는 현금을 대신하는 지불수단인 신용카드, 직불카드, 선불카드, 체크카드 등 플라스틱으로 만든 카드야. '제3의 화폐'라고도 해. 플라스틱 머니의 원조는 1950년에 등장한 다이너스카드야. 앞의 '지불수단의 역사' 그림에서 플라스틱 머니를 찾아보렴. 다이너스카드는 사업가 프랭크 맥나마라의 건망증 덕분에 탄생했어. 어느 날, 맥나마라는 중요한 고객을 뉴욕의 식당으로 초대해서 저녁 식사를 했어. 그런데 계산하려고 보니 지갑이 없는 거야. 양복을 바꿔 입으면서 지갑 챙기는 것을 깜박했던 거지. 별 수 없이 아내에게 돈을 가지고 식당으로 달려오라고 했어. 나중에 친구였던 랄프 슈나이더

변호사에게 이 실수를 말했단다. 이들은 식사를 먼저 하고 나중에 돈을 갚는 방법이 있으면 좋을 거라고 생각했지. 그러다 만들어진 것이 다이너스카드였어. 이들의 친구와 친지 200명이 회비를 내고 카드를 신청했고, 카드 사용이 가능한 가맹점은 뉴욕의 27개 식당이었대.

다이너스카드는 플라스틱이 아닌 종이로 만들었고, 실제 플라스틱 신용카드는 1959년에 등장했어. 1958년에 설립되었던 아메리칸익스프레스와 뱅크오브아메리카에서 처음으로 플라스틱 신용카드를 발급했단다.

1969년부터 마그네틱 띠를 입힌 신용카드가 발급되었고, 1971년에 IBM에서 만든 카드 조회 단말기가 사용되면서 신용카드 사용량은 급격히 늘어났어.

신용은 믿음을 뜻하는 말이야. 그런데 경제 용어로 신용은 돈을 빌리거나 재화나 서비스를 돈을 치르지 않고 산 후에 이를 갚을 수 있는 능력을 뜻해. 즉 돈 거래에 대한 약속을 얼마나 잘 지킬 수 있는지에 대한 평가를 말하는 거야.

오늘 저녁 식사를 하고 신용카드로 계산했다고 가정해 보자. 식당의 카드 조회 단말기에 내가 지불해야 할 금액을 입력하면 신용카드 회사는 식당에 돈을 먼저 지불해. 일정 기간 후 신용카

드 회사는 내 예금 계좌를 가진 은행으로 돈을 청구해서 받아. 이
처럼 신용카드 회사가 재화나 서비스의 대가를 먼저 지불해야
하니까, 신용카드 회사는 카드 발급 신청자의 소득이나 재산, 나
이 등을 따져 보고 신용을 평가한 후 카드를 발급해. 그래서 돈을
벌지 않는 청소년에게는 신용카드를 발급하지 않지.

신용카드를 사용하면 돈이 없어도 원하는 걸 먼저 살 수 있어서 무분별한 소비를 하는 경우가 있어. 그런데 신용카드로 쓴 돈은 반드시 갚아야 하는 빚이야. 당장 돈이 나가지 않는다고 과한 소비를 하면 카드 대금을 내야 할 때 돈이 없어서 갚지 못할 수 있어. 돈을 갚지 못하고 신용이 나빠지면 더 이상 신용카드를 쓸 수 없겠지. 신용이 낮아지면 금융회사에서 돈을 빌릴 수도 없고. 그러니까 신용카드는 나중에 내가 갚을 수 있는지 따져 보면서 사용해야 돼.

네가 가진 직불카드는 신용카드 회사가 아니라 은행이 발행해. 예금 계좌 잔액의 범위 내에서만 사용할 수 있지. 직불카드 가맹점의 단말기에 카드를 넣고 지불할 금액을 입력하면 네 은행 계좌에 있는 돈이 가맹점의 계좌로 즉시 옮겨져. 선불카드는 교통카드처럼 카드에 돈을 미리 충전시키고 잔액 범위 내에서 사용하는 카드야. 직불카드나 선불카드는 현금을 들고 다니는 불편을 덜어 주는 지불수단이지. 체크카드는 신용카드 회사가 발급하므로 신용카드 가맹점에서 쓸 수 있어. 체크카드를 사용하면 신용카드 회사가 가맹점에 돈을 지불함과 동시에 사용자의 거래 은행으로 돈을 청구해. 그러니까 직불카드와 마찬가지로 계좌에서 돈이 바로 빠져 나가. 직불카드보다 체크카드의 인기가 높은 건 직불카드 가맹점보다 신용카드 가맹점의 수가 훨씬 많아서 사용하기 편리하기 때문이야.

너도 직불카드 대신 체크카드를 가지고 싶어? 카드를 사용할 수 있는 곳이 늘어나면 소비가 늘어날 수 있는데, 돈 관리를 잘할 자신이 있는지 잘 생각해 봐.

화폐란 언제 어느 곳에서든지 누구나 인정하는 지불수단이야. 그러니까 가맹점에서만 사용할 수 있는 플라스틱 머니는 엄밀히 말하면 화폐는 아니지. 하지만 플라스틱 머니는 화폐를 들고 다닐 때의 불편과 위험을 덜어 주는 장점 덕분에 20세기를 대표하는 지불수단이 되었어.

일단 계산 먼저 하고 올게. 계산하는데 왜 지갑이 아니라 스마트폰만 가져가냐고? 그러고 보니 신용카드를 플라스틱 머니라고 부르는 건 옛말이 되어 버렸네. 난 스마트페이에 신용카드 정보를 등록해서 사용하고 있어서 굳이 지갑을 들고 다닐 필요가 없어. 스마트페이는 스마트폰을 단말기로 사용하는 간편 결제 시스템이야. 카카오페이, 네이버페이처럼 페이라는 말을 들어 보았지? 신용카드 정보를 등록하지 않아도 미리 충전을 하고 바코드나 QR코드를 스캔하여 결제하는 방법도 있어. 그래서 체크카드 대신 스마트페이를 사용하는 청소년과 청년들이 늘어나고 있다

고 해. 2020년에는 스마트페이를 통한 결제 규모가 전년도에 비
해 41.6퍼센트나 증가했다나. 이렇게 쑥쑥 성장하고 있으니 어
쩌면 스마트페이는 21세기를 대표하는 지불수단으로 자리 잡을
수도 있을 것 같아.

"페이 세대'MZ 뜨자, 저무는 체크카드', 한국일보, 2021.8.16일자 기사.

너도 스마트페이를 사용해야겠다고? 역시 머리 회전이 아주 빨라. 배운 걸 바로 실생활에서 활용할 줄 아는 걸.

암호화폐도 돈일까?

화폐 이야기를 하는 김에 최근에 관심이 많은 암호화폐 이야기도 하자. 크로이소스왕이 세계 최초로 주화를 만든 이후 지금까지 지구상에는 수많은 화폐들이 태어나고 또 사라졌어. 신용을 얻지 못한 화폐는 널리 쓰이지 못하고 사라졌지만, 신용을 얻은 플라스틱 머니는 화폐가 아니더라도 지불수단으로 자리 잡았지.

그러니까 지불수단의 생명은 신용이야. 신용을 얻으면 트럼프 카드도 지불수단이 될 수 있단다. 돈 대신 트럼프 카드를 받을 바보는 없다고? 아니, 17세기에서 19세기 초까지 실제로 그런 일이 일어났어. 17세기에 프랑스 식민지였던 캐나다 일부 지역에서는 트럼프 카드가 지불수단으로 사용되었거든. 계속된 다른 나라와의 전쟁 등 여러 문제 때문에 프랑스 정부는 수년 동안 이 지역으로 화폐를 보내지 못했어. 화폐 부족으로 경제활동이 위축되자 총독은 트럼프 카드를 화폐 대신 사용하자고 제안했지. 정부에서

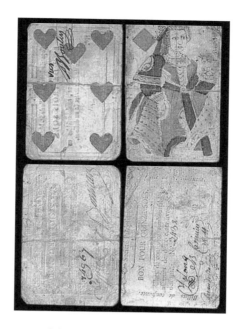

18세기 말 프랑스의 식민지였던 루이지애나에서
화폐를 대신해 사용되었던 트럼프 카드(출처: 위키미디어 커먼즈)

화폐를 보내오면 트럼프 카드를 화폐로 바꾸어 준다고 약속했고, 그 증거로 자신이 트럼프 카드에 서명을 했어. 총독의 약속을 믿고 사람들은 그가 서명한 트럼프 카드를 돈 대신 사용한 거야. 18세기에 프랑스 식민지였던 북아메리카의 루이지애나[*]와 19세기

[*] 루이지애나주를 포함하여 미시시피강 서쪽으로부터 로키산맥에 이르는 광활한 중부 지방으로, 현재 미국 영토의 4분의 1에 해당하는 지역이다.

초에 남아메리카의 네덜란드령 기아나(현 수리남 공화국)에서도 총 독이 서명한 트럼프 카드가 화폐 대신 사용되었단다.

아이고, 암호화폐가 과연 지불수단의 필수 조건인 신용을 얻을 수 있는지 말하려다가 이야기가 트럼프 카드로 흘러가 버렸네.

암호화폐의 시작은 2009년에 사토시 나카모토라는 이름을 쓰 는 프로그래머가 만든 '비트코인'(Bitcoin)이야. 비트코인은 컴퓨 터나 전용 하드웨어를 이용하여 수학 문제를 풀면 캐낼 수 있지. 2140년까지 총 2,100만 개만 채굴할 수 있도록 설계되었어. 채굴 할수록 수학 문제의 난이도가 높아져 점점 캐기 힘들어진대. 비 트코인의 저장과 거래는 블록체인이라는 특별한 보안 기술을 기 반으로 이루어져서 해커들이 함부로 기록을 조작하거나 위조할 수 없어. 이처럼 안전성이 보장되니까 사람들은 비트코인으로 실 제 거래를 할 수 있다고 생각했지.

형체가 없어서 눈으로 볼 수 없는 암호화폐의 거래는 온라인으 로 이루어져. 2010년 5월 18일에 컴퓨터 프로그래머인 라스즐로 핸예츠는 인터넷 커뮤니티 '비트코인 포럼'에 이런 글을 올렸어. "파파존스 라지 사이즈 피자 두 판을 1만 비트코인으로 사고 싶 다." 나흘 후인 5월 22일, 정말 거래가 이루어졌지. 그리고 2011 년부터 비트코인을 지불수단으로 사용하는 거래들이 이루어졌어. 이미 캐낸 비트코인을 사고파는 거래소도 생겨났지. 처음에는 금융회사를 통해 돈을 주고받기 어려운 거래들이 비트코인으로 이루어졌어. 금융회사를 통해 돈을 주고받으면 거래 기록이 남아서 정부기관들이 돈의 흐름을 추적할 수 있어. 그래서 범죄나 마약 같은 불법 거래나 뇌물 등 비정상적인 거래일 경우에는 금융회사를 이용하지 않지.

그러다가 비트코인이 혁신적인 지불수단이 될 수 있다는 평가를 받으며 일상 거래에서도 비트코인이 사용되기 시작했어. 비트코인의 인기가 올라가면서 블록체인 기술을 기반으로 한 알트코인(Altcoin)들이 속속 생겨났지. 알트코인은 '대체'(alternative)와 '코인'(coin)을 합친 것인데, 비트코인을 제외한 모든 암호화폐를 뜻하는 말이야.

비트코인을 포함한 암호화폐를 지불수단으로 하는 거래는 계속 늘어나는 중이야. 자국 화폐가 제 기능을 못하는 나라에서는 비트코인이 화폐 역할을 할 수 있을지도 모른다고 예측하는 사람도 있어. 실제로 2021년 6월에 중앙아메리카의 엘살바도르가 세계 최초로 비트코인을 법정화폐로 채택한다는 발표도 있었고. 과연 암호화폐가 현재의 화폐를 대신하는 지불수단이 될 수 있을까?

화폐는 일정한 가치를 저장하는 수단이라고 했지? 1만 원짜리 지폐가 지닌 가치는 1년 전이나 1년 후나 변함없이 1만 원이야. 그런데 암호화폐는 주식처럼 가격이 오르내리면서 거래되고 있어. 암호화폐가 수익을 얻기 위해 투자하는 새로운 투자 상품이 된 거지. 그러니까 암호화폐는 주식이나 부동산, 금처럼 가치를 지닌 상품이지 화폐는 아니야. 광산에서 금을 캐내는 것을 채굴이라고 하는데, 수학 문제를 풀고 비트코인을 캐내는 일도 채굴이라고 하잖아. 채굴이라는 말이 암시하듯이 암호화폐는 디지털 화폐가 아닌 '디지털 금'이라고 하는 것이 정확한 표현일 거야.

그런데 암호화폐의 등장으로 사람들은 엄청난 사실을 깨닫게 되었어. 눈에 보이지 않는 전자신호가 국가와 국가를 자유롭게 넘나드는 지불수단이 될 수 있음을 확신한 거야. 그래서 여러 나라의 중앙은행들은 블록체인 기술을 이용하여 디지털 화폐를 발행하려는 시도를 하게 되었단다. 중앙은행 디지털 화폐(CBDC, Central Bank Digital Currency)가 발행된다면 비트코인과 달리 가치가 안정적으로 유지될 거야. 비록 형체는 없지만 현재 사용되는 지폐나 주화처럼 국가가 가치를 보장할 테니까. 만약 이런 디지털 화폐의 사용이 널리 퍼지면 어떤 일이 벌어질까? 당연히 눈으로 보이는 지폐나 주화의 사용은 점차 줄어들 거야. 어쩌면 아예 사라져 버릴 수도 있지.

　앞에 나온 '지불수단의 역사' 그림에는 디지털 화폐의 등장 시기를 물음표로 나타낼 뿐 정확하게 명시하지 않았지? 비트코인이 화폐의 기능을 한다고 볼 수 없고, 중앙은행의 디지털 화폐 개발은 아직 진행 중이라서 그런 거야.

3

차근차근 알아가는
금융

없는 게 없는 금융 백화점

복숭아 푸딩 먹을래? 맛있지? 택배로 받았느냐고? 아니, 옆집 아주머니가 직접 만든 걸 나누어 먹자면서 주고 가셨어. 여기서 살면서 누리는 가장 좋은 일이 뭔 줄 알아? 따뜻한 마음을 가진 이웃들과 정을 나누며 산다는 거야. 더운 여름날에 친구 아들을 며칠씩 먹이고 재워 주고 일대일 금융 투자 강의까지 해 주는 내가 가장 따뜻한 사람인 것 같다고? 아이고, 아부도 할 줄 알고 제법인데. 기분 좋은 말을 들었으니 오늘도 열심히 전수해 줘야지.

어제는 지불수단으로서의 돈에 대한 이야기를 했고. 오늘은 금융회사와 금융 상품에 대해 알아보자. 금융회사는 여윳돈을 받아

돈이 필요한 곳으로 전달하여 돈을 빌려주고 빌리는 데 드는 시간과 노력을 줄여 주는 역할을 해. 금융회사는 주로 담당하는 일을 기준으로 예금과 대출 업무를 하는 회사, 보험회사, 투자회사, 신용카드 회사 등으로 나눌 수 있어.

많은 점포를 가지고 있어서 가장 쉽게 이용할 수 있는 금융회사는 어디일까? 그렇지, 바로 은행! 은행을 뜻하는 영어 'Bank'의 어원은 긴 의자인 Bench의 어원과 같은 이탈리아어 'Banca'야. 이는 대출의 역사와 관련이 있어. 이탈리아의 도시국가들은 각기 다른 주화를 발행했어. 도시국가 간의 무역이 발달하면서 13세기 이탈리아에는 서로 다른 주화를 바꾸어 주는 환전상이 많았어. 이들은 거리에서 탁자 위에 주화를 잔뜩 늘어놓고 의자에 앉아서 돈을 바꾸어 주었지. 이자를 받고 돈을 빌려주는 일도 함께했는데, 바로 이 일이 은행의 대출 업무로 발전한 거야.

그럼 이번에는 은행을 하는 일에 따라 분류해 볼까? 중앙은행과 일반은행, 특수은행으로 나눌 수 있어. 보통 은행이라고 하면 일반은행을 가리켜. 상업은행이라고도 하지. 일반은행은 국민은행, 우리은행, 신한은행 같은 시중은행과 대구은행, 부산은행, 전북은행 같은 지방은행, 외국은행의 국내 지점 등으로 나뉘어. 특수은행에는 중소기업 지원을 주로 하는 IBK기업은행이나 수출입,

해외 투자 및 자원 개발 등을 도와주는 한국수출입은행이 있어.

일반은행의 주요 업무가 예금과 대출이라는 건 알고 있지? 그럼 보통예금, 정기예금, 정기적금이 은행의 대표적인 금융 상품인 것도 알 것 같은데. 보통예금은 필요할 때 언제든지 돈을 맡기고 찾을 수 있는 상품이고, 정기예금은 목돈을 한꺼번에 맡기고 정해진 기간 후에 원금과 이자를 모두 받는 상품이야. 정기적금은 매월 일정한 금액을 정해진 기간 동안 저축한 후 원금과 이자를 한꺼번에 받는 상품이고.

골드스미스들이 실제로 맡아 둔 금화나 귀금속의 가치보다 많은 골드스미스 노트를 발행하여 빌려주었던 것처럼, 은행도 예금으로 맡겨진 돈보다 훨씬 많은 돈을 빌려줄 수 있어. 예금한 사람들이 한꺼번에 돈을 찾으러 은행으로 몰려오지는 않을 테니 말이야. 이를 경제 용어로는 '은행의 신용 창조'라고 해.

은행은 예금과 대출 외에도 다른 금융회사가 취급하는 펀드나 보험 같은 다양한 상품을 취급해서 '금융 백화점'이라고도 해. 펀드는 고객들이 맡긴 돈을 투자 전문가가 대신 투자해 주는 간접투자 상품이야. 펀드를 운용하는 금융회사는 따로 있지만 이를 파는 일은 은행이나 증권회사가 하지.

보험은 예상하지 않았던 재해나 각종 사고가 일어날 경우를 대비한 금융 상품이야. 이를 취급하는 금융회사는 보험회사지만, 은행은 보험회사와 제휴하여 대리점이나 중개자 역할을 하면서 보험 상품을 파는 일도 해. 보험회사는 보험 설계사를 통하지 않고 은행을 통해 손쉽게 보험을 팔아서 좋고, 은행은 각종 수수료를 벌어서 좋아. 은행에서 보험 상품을 파는 것을 '방카슈랑스'(Bancassurance)라고 하는데, '은행'(Bank)과 '보험'(Assurance)을 합쳐서 만든 말이야. 우리나라에서는 2003년부터 방카슈랑스 제도가 시행되었어.

멀리 떨어져 있거나 외국에 있는 사람에게 돈을 보낼 때도 은행을 이용하지. 예전에는 돈을 보내려면 은행의 영업시간 중에 직접 은행에 가야 했어. 이젠 그러지 않아도 돼. IT 기술이 발달해서 자동화기기, 폰뱅킹, 인터넷뱅킹, 모바일뱅킹 등을 이용해 언제 어디서나 편리하게 돈을 보낼 수 있으니까.

은행에서는 세계 여러 나라의 돈을 바꿔 주는 일도 해. 해외여행을 가려면 미리 여행 갈 나라의 돈을 준비하잖아. 은행에 원화를 주면 필요한 외화로 환전할 수 있어. 반대로 외화를 원화로 바꿀 때에도 은행을 이용하지. 여행 경비가 아니라 투자로 외화를 사는 사람도 있어. 환율이 낮을 때 외화를 샀다가 환율이 높아지면 팔아서 이익을 남기려는 거야.

• 중국과 파키스탄의 국경인 쿤저랍 패스에 있는 파키스탄 국립은행의 ATM.
해발 4,693미터에 위치해 세계에서 가장 높은 곳에 설치된 자동화기기다.
(출처: 위키미디어 커먼즈) •

신용카드 회사는 신용카드 대금을 사용자의 거래 은행으로 청
구한다고 했지? 신용카드 회사는 신용카드를 발급하고, 가맹점
을 관리하고, 가맹점에 신용카드 사용 대금을 주는 일을 해. 그런
데 은행은 신용카드 회사를 대신하여 신용카드 발급 신청을 받
고, 사용 대금을 받아 주는 일도 하고 있어.

휴, 은행이 하는 일이 많아서 말하고 나니 숨이 차다. 기지개 한 번 켜고, 잠시 쉬었다가 다음 이야기로 넘어가자.

은행의 은행을 소개할게

1950년에 설립된 한국은행은 우리나라의 중앙은행이야. 우리가 사용하는 화폐를 발행하고 관리하는 일을 하지. 미국의 연방준비제도, 영국의 잉글랜드은행, 일본의 일본은행, 싱가포르의 싱가포르통화청, 중국의 중국인민은행 등 다른 나라에도 화폐를 발행하고 관리하는 중앙은행이 있어. 유럽연합 국가 중 유로화를 사용하는 나라들의 화폐 발행 제도는 좀 달라. 각국의 중앙은행에서 돈을 발행한 뒤, 유럽중앙은행의 인가를 받아야 한단다.

한국은행은 국내 경제활동을 조사하고 결과를 분석하여 경제 발전과 물가 안정에 필요한 경제 정책을 결정하기도 해. 시중에 돈이 너무 많이 풀려서 물가가 올라가면 통화량을 줄이고, 반대로 경기가 위축되면 통화량을 늘려서 경기를 활성화시키는 방안을 세워. 국내외 경제 상황에 대한 조사와 연구를 하고, 국가 경제 정책을 결정할 때 기초 자료로 활용되는 각종 통계 작성도 하고.

한국은행도 일반은행과 마찬가지로 예금과 대출 업무를 해. 아, 기왕이면 한국은행에 예금을 하고 싶다고? 어쩌나, 한국은행은 개인이나 기업은 이용하지 못하고 금융회사만 가능한데. 그래서 한국은행을 '은행의 은행'이라고 하지.

한국은행은 외환이나 환율을 관리하는 역할도 맡고 있어. 외환이 들어오고 나갈 때 국내 통화량에 미치는 영향을 분석하고, 외환의 수요나 공급을 안정시켜서 외환시장이 원활하게 돌아가도

● 화폐박물관 건물. 1912년 완공 후 조선은행 본점으로 사용하다가
1950년에 한국은행이 창립되면서 한국은행 본점 건물이 되었다.
1987년에 건물 뒤편의 한국은행 신관이 준공되면서 복원 공사가 이루어졌고,
2001년부터 화폐박물관이 자리 잡았다.(출처: 위키미디어 커먼즈) ●

록 하지. 적절한 외환 정책을 세워서 수출입을 포함한 국제 거래가 잘 이루어지게 하고, 적정 수준의 외환 보유고를 유지하는 일도 해. 외환 보유고는 한꺼번에 외환이 빠져 나갈 때를 대비하여 국가가 외환으로 가지고 있는 돈, 즉 국가의 비상금이야.

한국은행이 너무 많은 일을 하고 있어 듣고 나니 머리가 아프다고? 외환과 환율 이야기까지 등장하니까 그런가 보구나. 금융 투자를 잘하려면 국내 경제에 영향을 주는 세계 경제의 변화를 알아야 해. 그런데 국제거래와 환율을 모르면 세계 경제의 변화를 이해하기 힘들어. 그러니까 나중에라도《국제거래와 환율 쫌 아는 10대》를 읽어 봐.

왜 주식과 채권을 발행할까?

딱딱한 이야기는 뒤로 미루고, 뉴욕 이야기를 해 줄게. 브로드웨이 뮤지컬 〈라이언 킹〉이 떠오른다고? 너처럼 뉴욕이라면 뮤지컬 중심지인 브로드웨이를 가장 먼저 떠올리는 사람이 꽤 많을 거야. 나처럼 금융 분야에서 일한 사람들은 국제 금융시장의 중심지 월 스트리트가 먼저 생각나. 월 스트리트는 맨해튼의 브로드웨이에서 이스트강으로 통하는 약 6킬로미터에 이르는 거리야. 17세기에 이곳에 살았던 네덜란드 사람들이 외부의 적으로부터 자신들을 보호하려고 통나무로 벽을 만들었던 곳이지. 미국 독립 후, 이곳에는 유럽 금융기관의 현지 사무소들이 자리 잡았어.

1790년대 초반까지 일정한 사무실이 없었던 뉴욕의 증권 거래 중개인들은 거리에서 주식과 채권을 거래했단다. 거리에 의자와 탁자를 놓고 돈 거래를 했던 13세기 이탈리아 환전상들처럼 말이야. 그러다가 1792년 5월, 증권 거래 중개인 24명이 월 스트리

트 68번가 집 앞에 있는 아메리카플라타너스 나무(버튼우드) 아래
에서 모임을 가졌어. 이 모임에서 공동 사무실을 마련하고, 서로
가 가진 주식과 채권을 우선적으로 거래하자는 합의가 이루어졌
지. 과도한 경쟁을 피하려고 최저 거래 수수료도 정했고.

　이듬해 톤틴 커피하우스에 사무실을 만들고, 일정한 장소에서
안전한 거래를 하게 되었어. 뉴욕 증권시장이 다른 지역보다 빠
르게 성장할 수 있는 기틀이 잡힌 거야. 1817년에 독립된 건물로
이사하며 뉴욕증권거래위원회를 설립했고, 1863년에 위원회 조
직이 발전하여 뉴욕증권거래소가 탄생했어. 뉴욕증권거래소 근

처로 여러 금융회사들이 즐비하게 들어서면서 오늘날의 월 스트리트가 만들어진 거지.

2차 세계 대전 이전까지 국제 금융시장의 중심지는 런던의 '더 시티 오브 런던'이었어. 그런데 두 차례 세계 대전을 치르면서 유럽의 힘은 약해지고 미국이 가장 강한 경제력을 가진 나라가 되었지. 미국의 힘이 강해지면서 국제 금융시장의 중심지도 뉴욕의 월 스트리트로 옮겨졌고.

증권 거래 중개인들이 거래했다는 주식과 채권은 왜 발행하느냐고? 둘 다 다른 사람들로부터 돈을 모으기 위해서 발행하는 거야. 큰 회사를 세우려면 개인이 혼자 감당하기 힘든 많은 돈이 필요하지. 이런 큰돈을 마련하기 위해 여러 사람에게서 돈을 모아 회사를 세우고, 그 회사의 소유권을 나누어 갖는 형태의 회사를 주식회사라고 해. 주식회사가 투자를 받기 위해 발행한 주식은 곧 자본금 투자를 증명하는 증서야. 주식회사의 주인은 주식을 가진 주주이지만, 모든 주주가 회사의 경영에 직접 참여하진 않아. 경영은 주주들이 뽑은 경영자가 대신하고, 중요한 문제를 결정할 때만 주주총회를 열어 주주의 의견을 묻지. 주주들은 경영자가 회사에 손해를 입히는 등 문제를 일으키면 경영자를 바꿀 수 있어. 주식회사는 주주에게 이익의 일부를 나누어 주는데, 이를 배당금이라고 해.

최초의 주식회사는 1602년에 설립된 네덜란드의 동인도회사야. 동인도회사를 설립할 때 여러 사람으로부터 자본을 모으는 방법이 처음 시도되었거든. 동인도회사가 만들어지면서 암스테르담에는 주식을 거래하는 증권거래소도 설립되었어.

기업을 경영하며 사업을 하다 보면 돈이 부족할 때가 있어. 이런 경우 금융회사에서 대출을 받기도 하지만, 길게 안정적으로 돈을 빌리려고 채권을 발행하기도 해. 채권은 돈을 빌렸음을 증명하는 증서야. 채권에는 돈을 빌린 금액과 이자를 주는 방법과 이자율이 나타나 있어. 정부나 공공 기관 등도 임대주택이나 지하철 건설 같은 특별한 사업을 할 자금을 마련하려고 채권을 발행하기도 해. 정부나 공공 기관이 발행한 채권은 국공채이고, 기업이 발행한 채권은 회사채라고 하지.

요즘은 주로 기업이 생산 시설을 마련하거나 정부나 공공 기관의 특별한 사업을 위해 채권을 발행하지만, 옛날에는 전쟁 비용을 마련하려고 채권을 발행했어. 14~15세기에 이탈리아 도시국가들이 그랬거든. 17세기에 영국이 프랑스와 전쟁을 할 때나 19세기의 미국 남북전쟁 중에도 채권을 발행하여 전쟁 비용을 조달했어.

채권은 믿을 수 있는 기관이 발행하므로 안전하고 수익률도 예금보다 높아. 그러나 채권에 명시된 대로만 원금을 갚고 이자를 주니까 예금과 달리 아무 때나 돈을 돌려받을 수 없어. 대신 만기일 전에 돈이 필요하면, 은행이나 증권회사와 같은 금융회사를 통해서 채권을 다른 사람에게 팔 수 있어.

주식 투자를 해 보고 싶다고?

주식을 샀다고 자랑하는 친구를 보고 주식을 갖고 싶었구나. '주린이'가 되어 주식시장을 알아 가는 건 좋아. 하지만 주식 투자를 할 때 조심할 점은 알고 해야겠지. 주린이는 주식과 어린이를 합쳐서 만든 말로 주식 초보자를 일컫는 표현이야. 2020년 초부터 주식 투자 열풍이 불면서 주린이가 많이 생겼어. 2020년 3월에는 주식 거래를 하는 계좌 수가 3,000만 개를 돌파했는데 불과 일 년 반 만에 2,000만 계좌가 더 늘어난 거래.

주식 투자를 하려면 먼저 증권회사를 방문해서 계좌를 만들어야지. 혼자 가면 안 되고 부모님의 주민등록증과 주민등록등본 또는 가족 관계를 확인할 수 있는 서류를 가지고 부모님과 함께

가야 해.

그리고 우리나라 주식시장에 대한 기본 지식은 갖춰야지. 한국에서 증권거래소*가 탄생한 시기는 1956년이야. 하지만 거래되는 주식 종목 수는 12개에 불과했고, 주식시장에 대한 관심은 미미했지. 그러다가 1973년 12월에 증권거래소를 통한 기업 주식 거래 활성화를 위한 법이 만들어졌어. 1973년에 '중화학공업화 선언'을 하면서 기업들이 투자금을 쉽게 모을 수 있게 하려는 방안이었지. 중화학공업은 생산 시설을 갖추는 데 막대한 자금이 필요하고, 투자 후에 수익을 얻기까지 소요되는 기간이 매우 길어. 그래서 정부 지원이 없으면 기업들이 섣불리 투자하려고 나서지 않을 게 뻔했거든. 그래서 정부는 국민투자채권을 발행하여 기업을 지원할 자금을 마련함과 동시에 증권거래소를 통해 자금을 모을 길도 열어 주었던 거야. 하지만 1980년대 중반까지 주식시장은 그리 활기를 띠지 않았어. 1985년 초까지 종합주가지수는 150포인트도 넘지 못할 정도였어.

종합주가지수가 뭐냐고? 주식시장 전체의 주가 움직임을 알려 주는 지표로, 코스피(KOSPI) 지수라고도 해. 1980년 1월 4일의 증권거래소에 상장되어 거래되는 종목들의 주식 가격을 합산한 시

★ 2009년 2월 4일에 한국거래소(Korea Exchange, KRX)로 명칭이 변경되었다.

가총액을 100으로 쳐서 기준으로 잡고, 오늘의 시가총액이 그에 비해 몇 퍼센트 올랐느냐를 나타내는 수치야. 종합주가지수가 3,000포인트라면 1980년 1월 4일에 비해 시가총액이 30배 올랐다는 뜻이지. 그런데 증권거래소에서 거래되는 종목이 늘어나고, 이미 거래되었던 종목이라도 주식을 더 발행하게 되면 거래되는 주식 수가 늘어나. 이를 무시하고 단순히 시가총액으로만 지수를 계산하면 주가 움직임을 제대로 보여 줄 수 없어. 그래서 코스피 지수는 거래 주식 수의 변화로 커진 부분을 조정하고, 순수하게 가격 요인에 의한 변동만을 잡아내어 작성된단다.

코스피 지수는 주식시장 전체의 주가 움직임을 알려 주는 지표이긴 하지만, 이것만 보고 주식시장의 흐름을 판단하면 안 돼. 시가총액 비교 방식으로 작성되니까 시가총액이 큰 대형주 가격이 코스피 지수에 큰 영향을 미치거든. 자본금이 적은 중소형주의 가격이 모조리 내려가도 삼성전자, SK하이닉스, 네이버, LG화학, 현대차 같은 대형주 가격이 오름세라면 코스피 지수는 오르게 되지. 그래서 주식시장의 흐름을 자세히 살피려면 주식 거래량과 거래 대금 등을 포함한 다른 지표들도 분석해야 해.

앞에서 말했듯 1985년 초까지 지지부진했던 주식시장이 1985년 가을부터 오름세를 타기 시작했어. 1989년 3월 31일에는 역사

상 최초로 1,000포인트를 넘기는 기록을 세울 정도였으니 기세
가 대단했지. 1985년 말에 77만여 명이었던 주식 투자 인구는
1989년 말에는 1,900만 명을 넘길 정도로 늘어났어. 당시 한국의
인구가 4,250만 명이었으니 국민의 약 45퍼센트가 주식 투자를
한 셈이야.

1996년에는 또 하나의 주식시장인 코스닥(KOSDAQ) 시장이
탄생했어. 미국의 나스닥(NASDAQ) 시장처럼 첨단 기술을 가진
중소기업이나 벤처기업들이 주식시장을 통해 자금을 조달하는
걸 도와주기 위해서였지. 코스피 시장이 야구의 메이저리그라면,
코스닥 시장은 메이저리그를 꿈꾸는 마이너리그라고 할 수 있어.
코스닥 지수는 코스닥 시장 전체 흐름을 알아볼 수 있게 해 주는
지표야. 코스피 지수의 기준이 100인데 비해 코스닥 지수의 기준
은 1,000이야. 1996년 7월 1일에 코스닥 시장에 상장된 기업의
주식 가격을 합산한 시가총액을 1,000으로 하여 만들어졌단다.

$$\bullet \frac{\text{비교시가 총액}}{\text{기준시가 총액}} \times 100 = \text{코스피} \qquad \bullet \frac{\text{비교시가 총액}}{\text{기준시가 총액}} \times 1,000 = \text{코스닥}$$

쉬지 않고 변하는 주가

주식 투자는 배당금을 받아서 돈을 불리기 위해 하는 거냐고? 오호, 주식회사가 이익의 일부를 주주에게 배당금으로 준다는 걸 기억하고 있구나. 배당금을 받으려고 주식 투자를 하는 경우도 있어. 그러나 주식을 산 후 가격이 오르면 팔아서 돈을 불리려고 투자하는 경우가 더 많아. 주가는 영업 사정이나 이익 전망에 따라 시시각각으로 변해. 그래서 주가가 쌀 때 주식을 사서 주가가 오를 때 팔면 시세 차익을 얻을 수 있거든. 시세 차익이란 주식이나 펀드, 부동산 등을 산 후 가격이 오른 시점에 팔아서 얻게 되는 이익이야. 주가가 오를 가능성이 있는 주식을 찾아내려면 금융시장은 물론이고 경제활동의 흐름을 잘 알아야 해. 아무 주식이나 사 놓고 기다린다고 주가가 올라가는 건 아니거든.

언제 주가가 오르는지 궁금해? 제품이 잘 팔려서 이익이 많이 나는 기업 또는 당장은 사정이 좋지 않더라도 앞으로 크게 성장할 여지가 보이는 기업의 주가는 올라. 또 경제 사정이 좋아지면 기업들의 이익이 늘어날 확률이 높아지니까 대부분 기업의 주가가 올라가고. 반대로 경영 상태가 나빠져서 손해를 볼 것 같은 기

업의 주가는 떨어져. 경제 상황이 좋지 않으면 기업들이 돈을 벌
기가 어려워지니까 대부분 기업들의 주가는 내려가지.

다른 나라 주식시장의 변화에 영향을 받기도 해. 미국 시장의
주식이 오르면 한국 시장의 주식도 오르고, 반대로 내리면 한국
시장에서도 내릴 때가 많아. 이는 한국뿐 아니라 세계적인 현상
이야. 세계의 자본시장이 하나가 된 후에는 여러 나라 주식시장
에서 '커플링'(coupling) 현상이 자주 일어나. 커플링이란 한 나라
의 경제 상황이 다른 나라의 경제 상황에 큰 영향
을 미치는 현상이야. 한 나라의 주가나 환율,
금리 등이 오르내릴 때 다른 나라에서도 비슷
한 현상이 벌어지는 거지. 특히 한국 경제

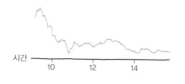

코스피(2021년 10월 1일)

3019.18 ▼ 49.64 (−1.62%)

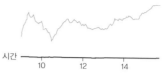

코스닥(2021년 10월 19일)

1005.35 ▲ 11.49 (+1.16%)

● 하루 동안의 코스피 지수와 코스닥 지수의 변화 ●

는 해외 의존도가 높아서 미국처럼 세계 경제에 영향력이 큰 나라의 경제 상황이 변하면 거의 영향을 받아. 한국 주식시장에서 거래되는 주식의 약 40퍼센트 정도는 외국인 투자자들이 가지고 있어. 이들이 자기 나라 시장에서 주식을 사고팔면서 우리 주식도 사고팔면 한국 주식시장의 주가는 출렁거리게 돼.

코스피 지수와 코스닥 지수의 변화를 나타내는 그래프를 살펴보면 주가가 쉬지 않고 변한다는 게 실감나지? 코스피 지수는 1989년에 1,000포인트를 넘긴 후 오르내리는 변화를 계속하면서 전체적으로 올라갔어. 그런데 코스닥 지수는 2000년 3월에 2,834.40을 기록한 후 곤두박질쳐서 최고치 돌파는 고사하고 2021년 4월에야 겨우 기준치인 1,000선을 넘어섰지. 이유는 나중에 알려줄게. 이처럼 주가가 출렁거리니까 가치가 커질 가능성이 있는 주식을 찾아내는 일이 만만치 않다는 점만 기억하도록 해.

예금이나 적금은 돈을 맡겨 놓기만 하면 되는데, 주식 투자는 알아야 할 게 많다니 망설여진다고? 기분 내키는 대로 투자해서 낭패 보는 사람들이 많은데, 두려움을 안다는 건 이미 바람직한 주식 투자 자세를 터득한 셈이야. 그렇다고 시작하기도 전에 걱정하진 말고 실행해 봐. 처음에는 주식시장을 공부한다는 자세로 접근해. 내가 산 종목의 가격이 올라가면 왜 오르는지, 떨어지면 왜 떨어지는지 이유를 찾아보면서. 주가의 오르내림을 계속 살피며 이유를 알아가다 보면 자연스럽게 경제의 흐름을 읽고 분석하는 능력이 길러질 거야. 경험해 본다는 생각으로 여윳돈을 이용해 지나친 욕심을 부리지 않고 장기간 투자를 하면 제법 높은 수익을 얻을 수 있을지도 몰라.

이번엔 쉬운 질문 하나 해 볼게. 황소와 곰 중에서 어떤 동물을 더 좋아해? 곰이라고! 어릴 때 테디 베어를 좋아했다고 들었는데, 지금도 곰을 좋아하는구나. 그런데 주식 투자를 하면 황소를 더 좋아하게 될 걸. 주식시장에서 가격이 올라가는 장을 '불 마켓'(Bull Market)이라고 하는데, Bull은 황소를 뜻해. 가격이 내려가는 시장은 '베어 마켓'(Bear Market)이고. 장세를 동물에 비유한 이유에는 여러 해석이 있어. 그중 싸울 때 황소는 뿔을 위로 치받

고 곰은 아래로 찍어 누르기 때문이라는 해석이 가장 널리 알려져 있어. 황소의 이미지는 저돌적이고 적극적이지만, 곰은 느린 이미지를 가졌기 때문이라는 설도 있고.

월 스트리트에 가면 청동 황소상과 함께 사진을 찍기 위해 서성거리는 여행객이 많아. 이 황소상은 1989년 12월에 이탈리아

조각가인 아르투로 디 모디카가 만들어서 아무도 없는 새벽에 뉴욕증권거래소 정문 앞에 놓고 간 거래. 본인은 재미로 그랬다고 했지만, 빨리 경제가 좋아지기를 바라는 마음도 있었다고 생각해. 1987년 10월에 뉴욕 주식시장이 폭락한 후 경제가 침체되어 많은 사람이 힘든 나날을 보내고 있을 때였거든. 경찰은 허가를 받지 않고 설치된 황소상을 바로 철거했어. 하지만 일주일 후에 뉴욕에서 가장 오래된 공원인 볼링 그린 공원 북쪽으로 옮겨졌고, 월 스트리트를 찾는 관광객이라면 누구나 찾는 명물이 되었지. 아, 한국의 맨해튼이라고 불리는 서울 여의도에서도 황소상을 볼 수 있어. 여의도는 한국거래소와 많은 증권회사들이 자리 잡고 있는 한국 증권 금융의 중심지야.

예상치 못한 위험 대비는 보험으로

금융 상품이라면 예금과 주식, 채권처럼 돈을 불리기 위한 상품을 떠올리는데, 뜻밖의 위험에 대비하기 위해 필요한 상품도 있어. 바로 보험이야. 보험은 17세기에 일어난 런던 대화재의 아픈 역사 이후 등장한 금융 상품이야. 1666년 9월 2일 새벽 2시, 런던

● 런던 대화재는 1681년에 영국에서 최초의 화재보험회사를 탄생시키는 계기가 되었다.
작가 미상, 1675년 제작, 런던 박물관 소장.(출처: 위키미디어 커먼즈) ●

교 근처의 한 빵집에서 불이 났어. 거센 동풍이 불어서 불길은 순식간에 주택가로 번졌지. 목재로 지어진 작은 집들이 다닥다닥 붙어 있던 곳이라 불길은 잡히지 않고 무려 나흘간이나 타올랐어. 결국 1만 3,000여 채의 주택과 세인트폴성당, 교회 87채를 비롯해 도시 건물의 약 80퍼센트가 타 버렸대.

런던 대화재 이후 건축가였던 니콜라스 바본은 예상치 못한 화재에 대비하는 장치의 필요성을 느끼고 1681년에 영국 최초의 화재보험회사를 만들었어. 참담한 화재의 아픔을 기억하는 사람들이 많아 곧바로 약 5,000여 건의 화재보험 가입이 이뤄졌대.

살다 보면 예상하지 못했던 사고나 어려움을 겪을 수 있어. 뜻하지 않은 교통사고를 당할 수도 있고, 갑자기 불이 나서 공장 시설이 몽땅 재로 변할 수도 있지. '위험이 있는 곳에 보험이 있다'라는 말 그대로 위험이 있으므로 보험이 생겼고, 사람들은 예상할 수 없는 위험에 대비하려고 보험에 가입해.

보험에 가입하면 보험회사에 일정한 금액의 보험료를 내. 보험회사는 가입자가 사고를 당하면 계약에 따라 보험금을 지불하지. 정해진 기간에 아무런 사고가 나지 않았다면 그동안 낸 보험료를 돌려받을 수 없어. 그럼 돈만 날리는 거라고? 그렇게 생각하는 사람들이 제법 있어. 하지만 보험은 위기 상황을 감당할 돈이 없는 사람들에게 더 필요하단다. 병원에 입원한 환자 중에 보험에 가입한 사람은 치료에만 신경 쓰는 데 비해, 그렇지 못한 사람은 병원비 걱정으로 병이 더 깊어진다고 하잖아.

보험은 크게 생명보험과 손해보험으로 나뉘어. 생명보험은 병이나 사고로 사망할 경우 보험금을 지급하고, 손해보험은 갑작스러운 사고로 집이나 자동차 등 재산의 피해를 입었을 때 보상을 해 줘.

이외에도 자녀 교육과 관련된 교육보험이나 노후의 안정된 생활을 위한 연금보험도 있어. 또 정부가 국민의 안정된 생활을 위해 의무적으로 가입하게 하는 보험도 있고. 건강보험, 국민연금, 고용보험, 산재보험 등이 사회보장을 위한 보험이야.

보험의 종류는 생활환경의 변화에 따라 계속 증가하고 있어. 여행지에서 생길 사고에 대비하기 위한 여행자보험, 날씨가 나빠서 예정된 행사를 치르지 못해 생기는 손해를 대비하는 날씨보험은 물론이고 드론 사고로 발생하는 손해를 보상해 주는 드론보험까지 있어. 그러니까 무슨 사고든지 일어날까 봐 걱정되면 위험을 대비하는 보험이 있는지 찾아봐.

그런데 말이야. 미래의 위험에 대비하기 위해 탄생한 것이 보험인데, 원래 기능에 투자 기능을 덧붙인 보험 상품들이 있어. 위험을 대비하고 저축도 할 수 있는 보험 상품이 더 좋다는 생각이 든다고? 따지고 보면 그렇지 않아. 세월이 지나면 화폐 가치가 떨어지는데, 보험은 일반적으로 계약 기간이 길거든. 보험금을 탈 때의 화폐 가치가 보험료를 내는 동안의 화폐 가치보다 낮아서 화폐 가치의 변동을 감안하면 실질 투자 수익은 마이너스인 경우가 많아. 그러니까 보험은 위험 대비만 하는 것으로 들고, 투자는 실질 수익률이 큰 상품을 통해 하는 것이 현명해. 실질 투자 수익이 마이너스라는 말이 무슨 뜻이냐고? 그건 내일 공부가 끝나면 알 수 있을 거야.

오늘은 예금, 주식과 채권, 보험 등 금융 상품에 대한 이야기를 했어. 특정 금융거래를 바탕으로 만들어진 파생 금융 상품은 소개하지 않았어. 파생 금융 상품 투자는 투자 경험이 쌓이고 나서 하면 좋을 거라는 생각이 들어서야.

4

이 정도는 알고
금융 투자를 해야지

금리는 돈을 빌리는 가격이야

와, 얼굴이 훤하다. 어제도 잘 잤구나. 잠자리가 바뀐 그제도 잘 잤다고 하길래 네 성격이 무던하다고 짐작은 했어. 사소한 일에 안달복달하거나 남의 말에 잘 넘어가는 사람이라면 무조건 안정적인 투자를 권할 텐데, 넌 좀 적극적인 투자를 해도 될 것 같아. 금융 투자를 하려면 자신의 투자 성향을 파악하고 나름대로 기준을 세워야 해. 손실을 보면 이유를 차분히 분석할 줄 알아야 하고.

오늘은 금융 투자 전에 알아 둘 금융 상식에 대한 이야기를 나누어 보자. 일반은행, 상호저축은행, 신용협동조합, 우체국 등 금융회사에서 취급하는 예금은 누구나 아는 금융 상품이야. 금융회

사는 고객이 예금으로 맡긴 돈을 개인이나 기업에 빌려주고 이
자를 받아. 이자는 남의 돈을 빌려 쓴 대가로 치르는 일정한 비율
의 돈이지. 예금을 하면 금융회사가 고객으로부터 돈을 빌린 거
나 마찬가지라 이자를 주는 거야.

원금에 대해 일정한 기간 동안 주는 이자의 비율을 금리 또는
이자율이라고 해. 말하자면 금리란 돈을 빌리는 가격이고, 일정
한 기간 동안의 비율을 퍼센트로 나타내. 100만 원을 빌린 이자
가 1년에 3만 원이면, 금리는 얼마지? 이자 3만 원을 원금 100만
원으로 나누고 100을 곱하여 나눈 값은 3이니까 금리는 연 3퍼
센트야.

돈을 맡기고 은행으로부터 받는 이자는 '예금 금리'고, 돈을 빌
리고 은행에 내는 이자는 '대출 금리'야. 예금 금리는 금융회사가
얼마나 오랫동안 안심하고 돈을 활용할 수 있는가에 따라 달라져.
언제든지 찾을 수 있는 '요구불예금'은 금리가 낮고, 정기예금처
럼 기간이 정해진 '저축성예금'은 금리가 높지. 대출 금리는 보통
예금 금리보다 높아. 그래야 금융회사가 이윤을 남길 수 있잖아.

금리 변동은 경제활동에 큰 영향을 주는 요인 중 하나야. 그래
서 경제 뉴스에서는 금리를 자주 다뤄. 다음 기사를 함께 읽어
보자.

한국은행이 내년 중 기준 금리를 연 1.25퍼센트까지 올릴 것이라는 전망이 나왔다. 경기 회복세가 뚜렷한 만큼 통화량 조절을 통해 인플레이션* 압력에 대응할 필요가 있다는 분석에 따른 것이다. 오는 15일 열리는 금융통화위원회(금통위)** 회의를 비롯해 올 연말까지는 0.5퍼센트인 기준 금리를 유지하겠지만 전 세계 경기 회복 속도가 빠른데다 주식·부동산 투자를 위한 가계 부채가 급증하고 있는 현실을 외면할 수 없기 때문이다.

— 아시아경제, 2021년 4월 12일자 기사 중에서

네가 금융 문맹인 걸 확실히 깨달았다고? 기사 내용을 전혀 이해하지 못했나보구나. 먼저 기준 금리에 대해 알려 줄게. 기준 금리는 예금 금리, 대출 금리, 채권 금리를 포함한 금융시장의 모든 금리를 지배하는 '대장 금리'야. 기준 금리는 중앙은행에서 돈의 흐름을 면밀히 조사한 후 일정 기간마다 결정해. 기사에 나온 것처럼 한국의 기준 금리는 금융통화위원회에서 정하지. 인플레이션에 대응하려면 왜 금리를 올려야 하느냐고? 금리 이야기를 마무리하고 설명해 줄게.

★ 화폐 가치가 하락하여 물가가 지속적으로 상승하는 경제 현상을 말한다.
★★ 한국은행의 통화 신용 정책에 관한 주요 사항을 심의하고 의결하는 기구이다.

이자 종류는 주는 방식에 따라 단리와 복리로 나누어. 단리는 기간에 상관없이 원금에 이율과 기간을 곱해서 이자를 주는 방식이고, 복리는 일정 기간마다 이자가 원금에 더해져서 새로운 원금이 되고 거기에 이자가 붙는 방식이야. 그래서 금리는 같아도 이자를 주는 방식에 따라 만기에 받는 이자는 달라져.

100만 원을 3년간 3퍼센트의 이율로 이자를 받는다고 했을 때, 단리와 1년마다 복리로 받는 걸 비교해 보자.

- **단리:** 1,000,000원 × 3퍼센트 × 3 = 90,000원

  3년 후 받는 돈은 **1,090,000원**

- **복리:** 1년 후 1,000,000원　　　× 3퍼센트 ＝ 30,000원

  2년 후 (1,000,000+30,000)원 × 3퍼센트 ＝ 30,900원

  3년 후 (1,030,000+30,900)원 × 3퍼센트 ＝ 31,827원

  3년 후 받는 돈은 **1,092,727원**

이자율이 같다면 복리로 이자를 주는 금융 상품을 선택해야겠지? 단리와 복리 이자 차이가 3년에 3,000원도 안 되는데, 그게 그거라고? 아니야. 100만 원을 저축해서 24년간 단리로 연 3퍼센트의 이자를 받으면 72만 원인데, 복리로 받으면 약 100만 원

이야. 원금이 많고 투자 기간이 길수록 복리의 효과는 더욱 커져. 과학자 앨버트 아인슈타인이 우주에서 가장 강력한 힘이 무엇이냐는 물음에 '복리'라고 대답했을 정도라니까. 우주에서 가장 강한 힘을 가진 복리의 효과를 충분히 누리려면 하루라도 일찍 저축을 시작해야겠지?

72의 법칙

아까 100만 원을 저축해서 연 3퍼센트의 복리 이자를 받으면 24년 후 이자는 100만 원이 된다고 했어. 이자가 원금만큼 불어서 원금이 두 배로 늘어나는 기간을 일일이 곱해서 찾아내려면 아주 힘들어. 엑셀로 계산하면 좀 간단하다고? 물론 계산기를 두드리는 것보다 빨리 답을 구할 수 있을 거야.

그런데 더 간단한 방법이 있어. '72의 법칙'을 알면 원금이 두 배로 늘어나는 기간을 금방 계산할 수 있단다. 종잣돈이 두 배가 되는 기간은 72를 연간 수익률로 나누어 얻는 값과 거의 같거든. 연 3퍼센트 수익률을 얻는 금융 상품에 돈을 맡기면 원금이 두 배로 늘어나는데, 72를 3으로 나누어 24년이 걸리고, 연 6퍼센트의 수익률이라면 12년이 걸리는 걸 금방 가늠할 수 있어.

72의 법칙을 적용하면 정해진 기간 동안 투자 금액이 두 배가 되는 투자 수익률도 쉽게 계산할 수 있어. 10년 후 원금을 두 배로 만들고 싶으면 72를 10으로 나누어 얻어지는 값을 구해. 그럼 연 7.2퍼센트의 수익률을 내는 금융 상품을 찾아야 해.

투자의 귀재라는 워런 버핏은 투자회사인 버크셔 해서웨이의 회장이야. 1965년에서 2020년까지 버크셔 해서웨이의 투자 수익률은 놀랍게도 연평균 20퍼센트였어. 72의 법칙을 적용하면 3.6년 만에 투자 원금이 두 배가 되었어. 그런데 그가 25세였던 1956년에 설립하여 1969년까지 경영했던 버핏 파트너십 유한책임회사의 투자 수익률은 더욱 놀라워. 1957년부터 1968년까지 이 회사의 연평균 투자 수익률은 29.5퍼센트였어. 투자 원금이 두 배가 되는 데 2년 5개월도 채 걸리지 않았지. 그래서 11년 사이에 투자 금액이 17배 이상 늘어났어. 이 회사 주주들은 주로 워런 버핏의 친인척이라는데, 아주 운이 좋은 사람들이지? 1969년에 그는 주주들에게 더 이상 저평가된 주식을 찾을 수 없어서 이전 수익률을 달성하기 어렵다는 이유로 회사를 청산하겠다고 선언했대.

이처럼 투자 수익률이 높아지면 투자 원금이 두 배로 늘어나는 기간은 빨라져. 하지만 투자를 하면서 수익성만 따지면 안 되고, 유동성이나 안전성도 함께 검토해야 해. 이는 금융 상품을 고르는 데 있어서 반드시 명심해야 할 내용이라 나중에 자세히 설명할게.

72의 법칙은 미래 경제 상황을 예측할 때도 활용할 수 있어. 예를 들면 2019년 한국의 경제성장률은 2퍼센트였어. 2019년부터 매년 경제 성장률이 2퍼센트라고 가정하면, 한국의 국내총생산이 두 배가 되는 데 얼마나 걸릴까? 72를 2로 나누면 36이니까 약 36년이라는 걸 예측할 수 있지.

돈 가치가 떨어지면 물가가 올라

자, 스트레칭으로 몸을 풀었고, 달콤한 과일과 견과류를 먹어서
두뇌 회전도 좋아질 테니 금융 공부를 다시 시작해 볼까?

버핏 파트너십 유한책임회사 설립 당시 워런 버핏의 투자금은
10만 달러였대. 1969년에 청산하면서 받은 돈은 171만 9,481달러
였어. 돈이 17배가 늘어났지? 그런데 이런 결과는 인플레이션을
고려하지 않았을 때 나온 수치라 투자금의 실제 가치가 이만큼
늘어난 건 아니야.

1957년의 10만 달러는 1969년의 가치로는 얼마일까? 'US
Inflation Calculator'라는 온라인 사이트의 도움을 받으면 쉽게
알 수 있어. 1957년의 10만 달러는 1969년의 가치로는 13만
604.98달러야. 그러니까 투자금의 실질 가치는 약 13배가 늘어
난 거야. 이 기간 동안 화폐 가치는 약 30퍼센트 가량 떨어진 셈
이니까 이 회사가 거둔 실질 투자 수익률은 29.5퍼센트의 70퍼센
트에 해당하는 20.6퍼센트라고 봐야 하고.

웬 한숨? 인플레이션과 화폐의 실제 가치 등 어려운 말을 듣다
보니 두뇌 회전이 멈춰 버렸어? 에고, 더 쉽게 설명할게. 돈도 다른

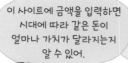

물건과 마찬가지로 흔해지

면 가치가 떨어져. 한 나라 안에

서 실제 사용되고 있는 돈의 양, 즉 통화량이

많아지면 돈의 가치는 떨어지지. 예를 들어 어느 나라 안의

모든 돈을 합치면 1조 원이라고 하자. 그런데 돈을 많이 발행해서

그 나라 안의 돈이 10조 원이 되었어. 그런데 그 나라에서 생산하

는 물건 양은 늘지 않았다면 무슨 일이 일어날까? 쓸 돈이 늘어났

으니 사람들은 돈을 더 주더라도 물건을 사. 물건 양은 그대로이

니 가격은 슬금슬금 올라가 결국 열 배가 돼. 즉 통화량이 열 배 늘면 돈 가치는 10분의 1로 떨어지고, 돈 가치가 10분의 1이 되면 물건 가격은 열 배로 오르는 거지. 인플레이션이란 이처럼 화폐 가치가 떨어져서 물가가 올라가는 현상이 지속되는 걸 말해.

통화량이 전혀 늘지 않아도 문제가 생겨. 재화와 서비스 생산은 늘어도 돈의 양이 그대로면 소비가 늘 수 없거든. 그래서 생산이 늘어나고 나라의 경제 규모가 커지려면 통화량도 적절하게 늘어나야 해. 그렇다고 경제를 살린답시고 돈을 마구 발행해도 안 돼. 통화량 조절을 잘못해서 큰 낭패를 본 짐바브웨 공화국 이야기를 들으면 왜 그런지 깨닫게 될 거야.

짐바브웨는 아프리카 남부에 자리 잡은 나라야. 1980년 4월, 영국으로부터 독립한 후에 1990년대까지는 가난하지만 그럭저럭 사는 나라였어. 그런데 세계에서 가장 암울한 나라 중 하나가 되어 버렸지. 상상을 초월한 초인플레이션이 세계적인 뉴스거리가 되면서 짐바브웨의 존재도 몰랐던 세계 사람들에게 나라를 알리게 되었고 말이야. 보통 물가가 한 달에 50퍼센트 이상 오르면, 초인플레이션이 일어났다고 해.

이 돈은 짐바브웨 중앙은행이 2008년에 발행한 100조 짐바브웨 달러 지폐야. 0이 몇 개인지 세려면 눈이 돌아갈 정도지? 0이

• **100조 짐바브웨 달러 지폐**(출처: 위키미디어 커먼즈) •

무려 14개! 발행 당시 이 돈의 가치는 약 70미국 달러(원화로 약 8만 원)였어. 현재는 사용할 수 없고, 짐바브웨 은행에 가져가면 미국 돈 40센트(원화로 약 45원)로 교환해 줘.

짐바브웨의 로버트 무가베 대통령은 세금만으로 나라 살림을 꾸려 나가기 어려워지자 2006년부터 돈을 마구 발행했어. 통화량이 어마어마하게 늘어나면서 물가 역시 점점 올랐는데, 급기야 2008년 1월부터 7월까지 2억 3,000만 퍼센트나 올랐어. 이후 물가가 더 가파르게 오르자 정부는 2008년 11월 이후부터 물가 상승률 발표를 포기해 버렸지. 그리고 2009년에 짐바브웨 중앙은행은 더 이상 짐바브웨 달러를 발행하지 않고, 미국 달러화를 공식 화폐로 채택했어. 아, 100조 짐바브웨 달러를 은행에 가져가면 미국 돈 40센트로 바꿔주지만 화폐 수집상에게 팔면 더 많은 돈을 받을 수 있어. 지금까지 발행된 지폐 중에서 가장 액면 금액이 커서 화폐 수집가들 사이에서 제법 인기가 높은 돈이거든.

통화량을 늘리면 물가 상승이라는 위험이 따라와. 그럼에도 불구하고 많은 나라가 통화량을 늘려서 자기 나라 화폐의 가치를 떨어뜨리는 정책을 선택할 때가 있어. 왜냐고? 화폐 가치와 환율이 수출에 미치는 영향을 알면* 이유를 쉽게 짐작할 수 있지.

화폐 가치를 낮추는 건 수출을 늘리기 위한 방편이야. 한 대에 110만 원인 한국산 텔레비전을 환율이 1,100원일 때 미국으로 1,000달러에 수출했다고 가정해 볼게. 그런데 원화 가치가 낮아져 환율이 1,200원이 되면 수출 가격을 920달러까지 내릴 수 있어. 수출 가격이 내려가 미국에서의 판매 가격을 내리면 판매량이 늘어날 거고, 한국의 수출량도 늘어날 거야. 수출이 늘어나면 생산이 늘어나고, 생산이 늘어나면 일자리도 늘어나니까 한국의 경제 상황은 좋아져.

반대로 원화 가치를 낮추면 한국에서 팔리는 수입 상품의 가격이 비싸져. 운동화 수입 가격이 50달러라고 했을 때, 환율이

★《국제거래와 환율 쫌 아는 10대》, 석혜원, 풀빛, 2019, 38~47쪽, 64~70쪽 참조.

1,100원이면 5만 5,000원인데 환율이 1,200원으로 오르면 6만 원이야. 환율이 올라서 한국에서의 판매 가격을 올리면 판매량은 줄어들 거야. 수입량이 줄면 한국에 운동화를 수출했던 나라의 경제에는 나쁜 영향을 줘. 그래서 경제학자들은 통화량을 늘려서 자기 나라 화폐의 가치를 낮추는 전략을 '이웃나라 거지 만들기' 정책이라고 불러. 다른 나라들이 자기 나라 경제를 살리려고 통화량을 늘리기 시작하면 우리도 다른 나라들처럼 통화량을 늘려서 화폐 가치를 낮추는 거야. 그러니까 세계적으로 환율 전쟁이 벌어졌다면 각 나라가 자기 나라 화폐 가치를 떨어뜨리기 위해 통화량 늘리기 시합을 한다고 보면 돼.

올라가는 기준 금리, 줄어드는 통화량

통화량과 인플레이션의 관계는 짐바브웨의 비극을 통해 잘 이해했지? 이제 금리와 통화량의 관계를 알아보자. 아까 읽은 기사에서는 인플레이션 압력에 대응하기 위해 통화량을 조절하면 기준 금리가 올라갈 거라고 전망했어. 통화량이 늘어나서 인플레이션이 염려되니까 이를 막기 위해서 기준 금리를 올릴 거라는 말이지. 이를 통해 기준 금리를 올리면 통화량은 줄어든다는 걸 추측할 수 있어. 대장 금리인 기준 금리를 올리면 예금 금리나 대출 금리도 올라. 예금 금리가 올라가면 이자를 더 많이 받을 수 있어서 저축은 늘어나고, 반대로 이자 부담이 늘어나니까 대출은 줄어들어. 그래서 기준 금리를 올리면 통화량은 줄어들게 돼. 반대로 경제가 침체되면 소비를 늘려서 경제를 살릴 정책을 펴. 기준 금리를 내려서 통화량을 늘리고, 소비할 돈이 늘어나도록 하는 거지.

이 그래프는 2015년부터 현재까지 한국 기준 금리의 변화를 나타낸 거야. 2017년 11월에 1.5퍼센트였던 기준 금리는 2018년 11월에는 1.75퍼센트로 올라갔어. 2019년 7월부터는 점점 내려

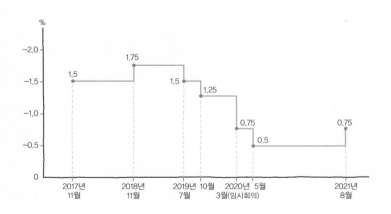

한국은행 기준금리의 변화(자료: 한국은행)

가다가 2021년 8월에는 다시 소폭 상승했지.

　2018년의 기준 금리 인상 이유는 2016년에 0.97퍼센트였던 소비자물가 상승률이 2017년에 1.94퍼센트로 올라갔는데, 개인 대출이 계속 늘어났기 때문이야. 2019년 7월에는 경제 살리기가 우선이라 판단하여 다시 기준 금리를 내린 거고. 2017년에 3.2퍼센트였던 경제 성장률이 2018년에 2.9퍼센트로 내려갔는데, 2019년에는 2.0퍼센트 이하가 될 수도 있다는 예측이 우세했거든. 게다가 한국의 주요 수출국인 중국으로 수출을 많이 하는 오스트레일리아가 이미 기준 금리를 내렸고, 미국과 유럽도 기준 금리를 내릴 거라는 전망이 나왔던 시기였어. 다른 나라들의 '이웃나라 거지 만들기' 정책을 고려한 대응이기도 했지.

　보통 기준 금리는 0.25퍼센트씩 오르내렸는데, 왜 2020년 3월에는 1.25퍼센트에서 0.75퍼센트로 0.5퍼센트나 내렸느냐고? 우와, 그래프를 보고 그런 차이점을 찾아내다니, 아주 예리해!

　2020년 초, 코로나19 팬데믹으로 한국뿐 아니라 세계 모든 나라 경제에 먹구름이 끼었어. 각국 정부는 경기 침체를 조금이라도 줄여 보려고 통화량을 늘리는 정책을 폈지. 금리 인하에 앞장선 나라는 미국이야. 미국의 연방준비제도이사회[*]는 2020년 3

★ 미국의 중앙은행인 연방준비제도의 의사 결정 기구로 한국의 금융통화위원회에 해당한다.

월 3일에 기준 금리를 전보다 0.5퍼센트 내린 1퍼센트~1.25퍼센트로 결정했어. 3월 15일에 1퍼센트를 더 내려 0~0.25퍼센트로 결정했지. 이처럼 급박한 상황이 발생하니까 우리도 3월 17일에 기준 금리를 평소보다 큰 폭으로 내린 거야.

중앙은행들의 목표는 물가 안정과 안정적인 경제 성장이라는 두 마리 토끼를 한꺼번에 잡는 거야. 이를 위해 경제 상황에 따라 적절하게 기준 금리를 변동시켜 통화량을 조절해. 하지만 이는 결코 쉽지 않아서 자칫하면 '샤워실의 바보'가 될 수 있어. 샤워실에서 수도꼭지를 틀면 처음엔 찬물이 나오는데, 못 참고 바로 수도꼭지를 확 돌리면 아주 뜨거운 물이 나오지. 이때 다시 수도꼭지를 확 돌려서 찬물이 나오게 하는 사람을 빗댄 말이야.

1980년 후반부터 20년 넘게 이어진 일본 경제 불황의 원인 중 하나는 일본은행이 실

시한 '샤워실의 바보' 같은 금리정책 때문이었어. 경제 성장률이 1985년 6.3퍼센트에서 1986년 2.8퍼센트로 하락하자 일본은행은 공격적인 저금리 정책이 필요하다고 판단했어. 1986년 1월에 5퍼센트였던 기준 금리를 1989년에는 2.5퍼센트까지 내렸지. 이로 인해 투자가 확대되고 소비가 증가하면서 경제는 빠르게 회복되었어. 그런데 낮은 금리로 인해 예금은 줄고 부동산 투자가 늘어난 거야. 부동산 가격이 폭등하자 일본은행은 1989년 5월부터 1990년 8월까지 금리를 2.5 퍼센트에서 6퍼센트까지 급격하게 올렸어. 다시 경제가 침체되자 일본은행은 금리를 내려서 경제 회복을 꾀했지만 소용없었지. 설상가상으로 일본 기업들이 생산 공장을 해외로 이전하면서 국내에서 일자리가 늘지 않는 현상도 나타났어. 그래서 닫혀 버린 사람들의 지갑은 다시 열리지 않았고, 생산과 투자는 살아나지 않아서 일본은 기나긴 경

제 불황을 겪었지.

마이너스 금리가 뭐지?

요즘은 금리가 너무 낮아서 예금할 마음이 들지 않는다고 푸념하는 사람들이 많아. 그래도 유럽에 비하면 우리는 양반이야. 2021년 3월, 유럽의 한 은행이 고객에게 이런 안내문을 보냈어. "귀하의 은행 예금에 연 0.5퍼센트의 예금 이자를 청구합니다." 예금했는데 이자를 내라니, 안내문을 받은 고객은 황당했어. 예금을 했는데 이자를 내는 '마이너스 금리' 현상은 지금까지 우리가 알고 있던 경제 상식과는 정반대였으니까. 아, 마이너스 금리라는 말은 우리가 만든 말이고, 영어로는 'Negative interest rates'라고 해. 금리가 0퍼센트 이하인 상태로, 예금을 하거나 채권을 매입할 때 그 대가로 이자를 받는 것이 아니라 일종의 보관료 개념의 수수료를 내는 거지.

왜 마이너스 금리 현상이 일어났느냐고? 일반은행은 고객으로부터 받은 예금의 일정 부분을 중앙은행에 맡겨. 이 돈을 지급준비금이라고 해. 중앙은행은 은행들이 예금을 모두 대출하여 예금자가 돈을 되찾으려고 할 때 내주지 못하는 걸 막기 위해서 지급준비금을 받는 거야.

그런데 2008년 세계 금융위기 이후 투자가 위축되자 은행의 대출이 줄어들었어. 돈이 남아도는 은행들은 지급준비금보다 더 많은 돈을 중앙은행에 예금했지. 중앙은행으로 몰리는 돈이 늘어나자 2012년 7월, 덴마크 중앙은행은 지급준비금보다 더 많은 돈을 맡기면 보관 수수료를 받기로 했어. 2014년에는 유럽중앙은행, 스웨덴중앙은행과 스위스중앙은행, 2016년에는 일본은행도 이런 조치를 취했지. 2014년에 0.10퍼센트로 시작한 유럽중앙은행의 보관 수수료가 점점 오르더니 2019년 9월에는 0.50퍼센트가 되었어. 그래야 은행들이 적극적으로 대출을 늘려서 투자가 살아날 거라고 판단한 거야. 그러나 코로나19 팬데믹으로 대출 수요는 더욱 줄어들었어. 고객의 불만을 염려하여 울며 겨자 먹기로 예금을 받았던 은행들이 예금을 받을수록 손해가 커지니까 급기야 예금에 대해 이자를 청구하기로 결정한 거지. 반대로 은행에서 대출을 받은 일부 사람들은 오히려 이자를 받는 일도 생겨났단다.

한국은 아직 명목상으로는 마이너스 금리가 아니지만 실질 금리가 마이너스인 경우는 있어. 경제에서는 '명목과 실질'이라는 말을 종종 써. 명목 금리는 화폐 가치의 변동을 고려하지 않는 금리로, 기준 금리 0.5퍼센트, 예금 금리 1퍼센트, 대출 금리 3퍼센트 등은 모두 명목 금리를 말해. 화폐 가치가 떨어지면 물가는 올라간다고 했지? 실질 금리는 화폐 가치의 변동을 감안하여 명목 금리에서 물가 상승률을 뺀 금리야. 예를 들어 예금 금리는 2~3퍼센트인데 물가 상승률이 3~4퍼센트라면 실질 이자율은 -1퍼센트야. 마이너스 금리가 되는 되지. 그래서 예금을 하거나 채권을 샀지만 물가 상승률이 높아서 실질적으로 금리 혜택을 볼 수 없는 상태가 돼.

경제 상황이 변하다 보면 유럽의 마이너스 금리처럼 우리가 아는 경제 상식과 엇나가는 현상이 생길 수 있어. 그러니까 금융 투자를 하려면 금융시장 상황을 분석한 후 금융 상품을 결정하고, 투자 후에도 금융시장의 변화를 살피며 적절히 대응해야 해.

신용이 나쁘면 돈을 빌릴 수 없어

혹시 친구에게 돈을 빌리거나 빌려준 적 있니? 갑자기 학용품 살 일이 생겨서 돈을 빌린 적이 있었구나. 적은 돈이라고 깜빡 잊고 갚지 않은 적은 없었지? 돈을 빌린 다음날 바로 갚았다니 다행이야. '오뉴월 품앗이도 먼저 갚으랬다'는 속담이 있어. 무언가를 갚아야 한다면 기한이 충분해도 질질 끌지 말고 바로 갚아야 신용을 지킬 수 있다는 교훈이 담긴 말이지. 앞으로도 아무리 적은 돈이라도 빌리면 빨리, 반드시 갚도록 해.

남아메리카의 에콰도르라는 나라를 아니? 2009년 3월, 에콰도르는 다른 나라에서 빌린 돈의 이자를 줄 수 없다고 선언했어. 에콰도르는 다른 나라에 약 100억 달러의 빚을 지고 있었는데, 새로 선출된 대통령이 이자를 줄 수 없다고 한 거야. 이전 정부가 돈을 빌리면서 약속한 지나치게 높은 이자는 정당한 거래가 아니었다고 하면서 말이야. 사실은 정부가 가진 외환이 없었기 때문이지. 에콰도르가 벌어들이는 돈 중 가장 큰 몫은 원유 수출로 버는 돈인데, 2008년 경제 위기로 국제 유가가 폭락하면서 원유 수출로 벌어들이는 돈이 엄청나게 줄어들었어. 각 나라 정부들은 이런 비상시를 대비해서 외환 보유액을 가지고 있는데, 에콰도르의 외환 보유액은 별로 두둑하지 않았거든. 그래서 이자를 낼 돈이 없으니까 억지를 부린 거야.

설사 예전 계약에 문제가 있더라도 다른 나라와의 약속을 어겨서 국가 신용을 떨어뜨리면 안 되지. 이런 일을 저지르면 믿을 수 없는 나라가 되어 국가 신용 등급이 내려가. 신용카드 이야기를 하면서 신용이란 돈 거래에 대한 약속을 얼마나 잘 지킬 수 있는지에 대한 평가라고 했지? 국가 신용 등급이란 나라의 신용을 평가해서 매긴 신용 성적표야. 스탠더드앤드푸어스나 무디스와 같은 국제 신용 평가 기관에서는 외국에 진 빚의 규모·정부의 살림살이 상태·경제 성장률·물가 같은 경제 분야를 중점적으로 검토하고, 정치·사회적인 면까지 종합적으로 평가하여 세계 각국의 신용 등급을 매겨. 경제 상황이 좋아지고 정치·사회적으로 안정을 찾으면 국가 신용 등급이 올라가고, 반대로 불안해지면 등급이 떨어져. 선진국의 금융회사들은 국가 신용 등급이 낮은 나라의 정부나 금융기관에는 돈을 빌려주지 않아. 그래서 신용을 잃어버린 에콰도르 정부나 금융회사는 다른 나라에서 돈을 빌릴 수 없게 됐지.

국가뿐만 아니라 기업이나 개인에게도 신용은 아주 중요해. 기업들은 생산에 필요한 공장을 짓거나 기계를 살 때 돈이 부족하면 우선 돈을 빌려서 쓰고, 물건을 만들어 팔아 돈을 마련하여 갚아. 개인들도 집을 사거나, 자녀 교육비가 부족하거나, 예상하지 못했던 사고를 당하는 등 돈을 빌려야 하는 경우가 종종 있지. 금융회사들은 대출할 때 기업이나 개인의 신용을 평가한 점수를 바탕으로 돈을 빌려줄 것인지를 결정하고, 빌려준다면 이자율을 어느 정도로 할지 결정해. 그리고 돈을 빌리거나 신용카드를 사용하고 돈을 갚지 않는 기업 또는 사람들에 대한 정보를 금융회사끼리 주고받아. 그래서 신용이 나쁘다는 평가를 받으면 어디에서도 돈을 빌릴 수 없어.

이렇게 중요한 신용을 높이려면 어떻게 해야 할까? 신용카드를 쓸 때는 나중에 갚을 수 있는지 따져 보고 사용하고, 대금 청구를 받으면 반드시 갚아야 한다고 했어. 대출을 받을 때도 마찬가지야. 갚을 능력이 있는지 따져 보고 돈을 빌리고, 돈을 빌리고 나면 약속대로 반드시 갚아야 해.

오늘 공부한 내용의 핵심을 살펴보고 끝내자. 경제 규모에 비해 과도하게 통화량이 늘어나면 화폐 가치와 물가는 어떻게 되지? 그렇지. 화폐 가치는 떨어지고, 물가는 올라간다. 기준 금리는 통화량을 조절하는 수단의 하나다. 통화량을 줄이려면 중앙은행은 기준 금리를 어떻게 한다? 그래, 기준 금리를 올린다.

5

금융 투자는 여윳돈으로 신중하고 쉽게

금융 상품을 고를 때 따져 볼 세 가지

어젯밤에 열린 책 읽기 행사가 아주 인상적이었다고? 어제 갔던 문화센터는 폐교를 고쳐서 만들었단다. 센터 옆 건물은 작가의 집이야. 작가들은 숙식을 무료로 제공받는 대가로 책 읽기와 글쓰기 프로그램을 진행해. 글쓰기 프로그램에 참여했던 사람들은 문집도 냈단다. 다양한 주제의 강좌도 열리는데, 나도 강의한 적이 있어. 지금부터 네게 들려 줄 금융 투자 이야기를 주제로 말이야. 오늘은 그때 만들었던 PPT를 보면서 설명할게.

아직 부동산 투자를 할 정도로 큰돈은 없을 거고, 네가 돈 불리기를 위해 고를 수 있는 투자 대상은 금융 상품일 거야. 가장 많은 사람들이 알고 있는 금융 상품은 은행 예금이나 적금이야. 은행 예금이나 적금은 안전한 금융 상품이라 원금을 떼일 염려는 없어. 하지만 금리가 낮아서 이자를 받아도 돈이 불어나는 재미를 느끼지 못해. 수익률을 높이려고 주식이나 파생 금융 상품에 투자하면 어렵게 모은 종잣돈이 줄어들 위험이 있고. 그래서 금융 상품은 수익성, 안전성, 유동성을 저울질해 보며 신중하게 골라야 해. '돈을 얼마나 늘릴 수 있는가?', '돈을 떼일 위험은 어느 정도인가?', '원할 때 쉽게 현금으로 바꿀 수 있는가?'를 따져 보는 거지.

대체로 수익성이 높으면 안전성은 낮아져. 안전성이 높은 순서는 은행 예금·적금 〉국공채 〉회사채 〉주식이고, 경제 상황에 따라 달라지긴 하지만 수익성이 높은 순서는 주식 〉회사채 〉국공채 〉은행 예금·적금이라고 보면 돼. 주식은 돈을 많이 벌 수 있지만 돈을 잃을 위험도 높아. 은행 예금이나 적금은 예금자 보호 제도로 보호를 받으니까 안전해.

예금자 보호 제도는 예금보험공사가 금융회사로부터 예금 보험료를 받고, 금융회사가 문을 닫는 사태가 생기면 대신 돈을 지급해 주는 제도야. 예금 보호 한도는 동일한 금융회사 내에서 한 사람당 원금과 이자를 합해서 5,000만 원이지. 그런데 은행에서 취급하는 상품이라도 실적 배당 상품인 신탁이나 펀드 같은 상품은 예금자 보호 제도가 적용되지 않아.

수익성과 안전성을 놓고 저울질할 때 참고할 좋은 정보를 알려줄게. 반드시 지켜야 할 규범은 아니라 법칙이라고 할 수는 없지만, 그냥 '100 - 나이 법칙'이라고들 해. 주식처럼 위험성이 높은 금융 상품에 대한 투자는 100에서 자신의 나이를 빼서 나온 값 정도로 하고, 나머지 돈은 예금처럼 안전성이 높은 금융 상품에 맡기라는 거야. 난 은퇴 후 연금으로 생활하는 분들이 좋은 주식을 추천해달라고 하면 안전하게 예금하고 차라리 생활비를 줄이라고 권해. 젊은 사람이라면 투자했다가 손실을 보더라도 계속 소득이 있으니까 다시 돈을 모을 수 있어. 또 손실 경험을 통해 냉정하고 꼼꼼하게 판단하는 투자 태도를 가지게 되어 전화위복이 될 수도 있고. 하지만 나이가 많아서 손실을 입으면 상심이 커서 건강까지 해치게 되거든.

다음은 유동성. 유동성이란 자산을 현금화할 수 있는 정도를 말해. 현금으로 바꾸기 쉬우면 유동성이 높고, 현금으로 바꾸기 어려우면 유동성이 낮아. 보통예금 같은 요구불예금은 아무 때나 찾을 수 있어서 가장 유동성이 높아. 정기예금이나 적금도 이자만 포기하면 바로 찾을 수 있으니 유동성이 높지. 주식과 채권은 시장에서 팔릴 수 있는 가격에 내놓으면 언제든지 현금을 마련할 수 있으니까 유동성이 높아.

하지만 은행 예금이나 적금은 언제 찾든지 원금을 손해 보는 일은 없는 데 비해 주식과 채권은 급하게 팔면 원금보다 적은 돈을 받을 수도 있어. 주식과 채권의 수익성이 예금과 적금보다 높다더니 무슨 말이냐고? 일반적으로 주식과 채권의 수익성이 예금과 적금보다 높다는 거지 항상 높은 건 아니야. 그러니까 투자하기 전에 가까운 시일 내에 돈을 꼭 써야 하는 일이 있는지 따져 봐야 해.

모든 금융 상품이 높은 유동성을 가졌다면, 유동성이 낮은 투자 상품은 무엇이냐고? 집이나 땅 같은 부동산에 투자하면 유동성이 낮아. 집이나 땅을 산다는 사람이 나타나지 않아 팔릴 때까지 여러 해를 기다려야 하거나, 아예 팔리지 않는 경우도 있으니까.

닷컴 버블의 교훈을 명심하자

금리가 연 3퍼센트도 안 되는 정기예금으로 원금을 두 배로 늘리려면 무려 24년이나 걸리는데, 그렇게 거북이같이 돈을 불리기보다 용기를 내어 주식 투자를 하고 싶다고? 그렇다면 닷컴 버블의 교훈을 명심해야 할 것 같아. 1990년대의 미국은 장미꽃이 만발했던 시기였어. 1980년대 말부터 1991년까지 6퍼센트에 달했던 물가 상승률은 1990년대 중반에 2퍼센트 아래로 떨어졌고, 실업률도 8퍼센트에서 4퍼센트로 하락했지. 경제 성장률은 2.5퍼센트에서 3.5퍼센트로 상승했고. 경제를 살려 낸 일등공신은 컴퓨터와 정보 통신 등 첨단 기술로 무장한 벤처기업이었어.

1946년에 선보인 최초의 컴퓨터 애니악의 가격은 48만 달러가 넘었지만 1990년대 말, 개인용 컴퓨터 한 대 가격은 100만 원 수준으로 떨어졌어. 보통 사람들도 부담 없이 컴퓨터를 살 수 있는 가격이 된 거야. 그리고 인터넷은 기술혁명의 날개가 되었지. 1989년에 월드 와이드 웹(www)이 창안되었고, 1992년에 '모자이크(MOSAIC)'라는 웹 브라우저가 발명되자 1992년 당시 수만 명에 불과했던 인터넷 사용자는 1997년에 1억 5,000만 명에 달할 정도로 폭증했어. 아마존과 야후처럼 인터넷을 사업 기반으로 한 닷컴 기업들이 속속 탄생했고. 이런 기술 환경의 변화는 금융 시장에 어떤 영향을 주었을까?

다음 페이지의 그래프를 봐. 미국 나스닥 지수의 변화를 나타낸 거야. 사람들은 벤처기업이 황금알을 낳는 거위라고 판단했어. 소프트웨어 시장을 주도했던 마이크로소프트사의 주가 상승

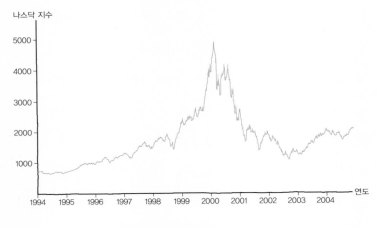

● 나스닥 지수의 변화(자료: 전미증권협회) ●

이 네트워킹이나 인터넷 쇼핑 등 다른 분야에서도 일어날 거라

고 기대했지. 많은 사람들이 나스닥에서 거래되는 주식을 사들이

자 1995년에 1,000포인트 아래였던 나스닥 지수는 슬금슬금 상

승했어. 1998년에 2,000포인트를 넘겼고, Y2K 특수*를 누렸던

1999년에는 4,000포인트를 넘겼어.

지속적으로 내려갔던 금리도 나스닥 시장이 지속적으로 활기

를 띄는 데 한몫을 담당했어. 1997년의 아시아 경제 위기가 1998

★ Y2K는 컴퓨터가 2000년 이후의 연도를 제대로 인식하지 못하는 결함이 발생한다는 밀레
니엄 버그를 뜻하는 표현이다. Y는 연도(Year)의 첫 글자, K는 1000(Kilo)에서 딴 것으로
2000년을 가리킨다. 2000년을 00년으로 인식한다면 컴퓨터를 사용하는 모든 일이 마비
가 될 수 있어 금융권의 이자 계산과 같은 연산 결과 왜곡 등 사회적 대혼란이 일어난다는
것이다. 이를 해결하기 위해 막대한 자금이 투입되면서 IT업계는 그 수혜를 톡톡히 누렸다.

년에 러시아로 번지자 미국은 세계 경제를 살린다는 명분으로 기준 금리를 세 번이나 내렸어. 저금리에 만족하지 못한 자금들이 주식시장으로 몰려가 닷컴 기업의 주식은 실제 가치보다 높게 거래되는 현상이 벌어졌지.

1990년대 말과 2000년 초반의 나스닥 시장의 활황을 '닷컴 버블'이라고 해. 인터넷 주소가 주로 '닷컴(.com)'으로 끝나는 벤처 기업들의 주식에 거품이 생긴 거라서 그렇대. 경제에서 버블, 즉 거품은 실제 가치보다 가격이 너무 높게 매겨진 걸 말해. 주식 투자의 수익률이 가장 높을 거라고 생각하고 돈이 주식시장으로 몰리면 주식시장에 거품이 생겨. 비눗방울이 터지면 흔적도 없이 사라지듯이 경제의 거품도 마찬가지야. 실제 가치보다 높은 가격에 거래되면서 생긴 거품은 꺼지게 마련이라 결국 가격이 내려가. 하지만 거품이 생기는 초기에는 거품을 깨닫지 못하고 돈이 몰려들어 거품은 더욱 커지지.

2000년 3월 10일, 나스닥 지수는 장중 5,408.60포인트로 최고점을 찍고 5,048.62포인트로 마감했어. 이후 나스닥 지수의 추락은 계속되어 미처 1년도 되지 않아 반 토막이 되었지. 2002년 10월 10일에는 장중 1,108.49까지 내려갔어. 가장 안정적으로 이윤을 내는 시스코 주가가 86퍼센트나 하락했고, 107달러였던 아마

존닷컴 주가는 7달러로 하락했지.

후덜덜 떨려? 주식 투자의 위험성을 알았구나. 예를 들어, 2019년 12월에 여행 전문 기업의 주식을 3만 원에 샀다고 하자. 코로나19 팬데믹으로 해외 여행길이 막히자 주가가 계속 떨어져 2020년 4월에 1만 5,000원이 되었어. 주가가 50퍼센트나 떨어진 건데, 이 수준에서 원래 샀던 가격인 3만 원이 되려면 얼마나 올라야 할까? 맞아, 100퍼센트 올라야지. 주식 투자에서 −50퍼센트의 수익률을 회복하려면 +50퍼센트 수익률이 아니라 +100퍼센트 수익률이 필요해. 100퍼센트 오르는 게 그리 쉽지 않거든. 그러니까 주식 투자를 할 때 주가가 올라갈 기대만 하지 말고, 내려갈 가능성을 꼼꼼히 따져 보며 종목을 골라야 해.

워런 버핏이 말한 투자 명언 하나를 알려줄게. "원칙 1, 절대 돈을 잃지 말아라. 원칙 2, 원칙 1을 절대 잊어서는 안 된다." 굳이 설명하지 않아도 무슨 뜻인지 알 수 있지?

결국은 Back to the Basics

닷컴 버블로 인한 나스닥 시장의 주가 대폭락은 한국 코스닥 시장에도 직격탄을 날렸어. 1990년대의 우리 정부도 한국 경제가 더 성장하려면 컴퓨터와 정보 통신 등 첨단 산업을 발전시켜야 된다고 판단했어. 그래서 이 분야의 벤처기업을 키우는 여러 방안을 마련했지. 벤처기업들이 사업 자금을 마련할 수 있도록 1996년 7월 1일에 나스닥 시장을 본뜬 코스닥 시장을 개장했고, 1997년 8월에는 벤처기업 육성에 관한 특별 조치법을 만들었어. 벤처기업의 창업을 돕기 위해 자금 지원과 세제 혜택을 주었지.

이렇게 정부가 적극적으로 벤처기업을 밀어주어 벤처 붐이 일어나자 사람들은 너도나도 벤처기업의 주식을 사들였어. 실제로 이윤을 내는 벤처기업은 별로 없었는데 말이야. 당연히 코스닥 시장에는 엄청난 거품이 생겼어. 2000년 3월 10일에 코스닥 지수가 2,925.20을 기록했으니, 1년 만에 무려 4배나 오른 거야. 벤처기업의 경영 성과는 별 차이가 없는데 주식 가격만 4배나 뛰었던 거지.

나스닥 시장의 주가 대폭락이 코스닥 시장에 직격탄을 날리자 코스닥 지수는 2000년 12월 26일에 522.80으로 떨어졌고, 2003년 3월 17일에는 346.40으로 떨어졌어.

그런데 거품이 꺼진 후에 두 시장의 흐름은 서로 다른 양상을 보였어. 1997~2014년의 코스닥 지수와 나스닥 지수 그래프를

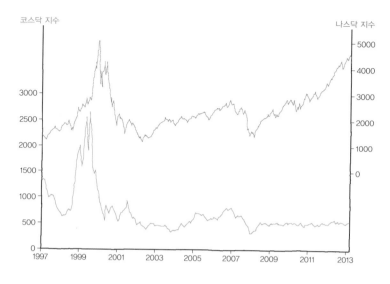

코스닥 지수

나스닥 지수

● 코스닥 지수(자료: 한국거래소)와 나스닥 지수(자료: 전미증권협회) ●

비교해 보자.

나스닥 지수는 오르락내리락 하면서 2014년 말, 드디어 2000년 초반 수준으로 상승했어. 하지만 코스닥 지수는 회복되지 않았어. 이유가 뭐냐고? 거품은 기업 가치를 제대로 판단하지 않고 무작정 가격이 오를 거라는 기대감으로 투자할 때 생겨. 거품이 꺼지는 걸 겪으며 벤처기업의 실상을 알게 된 사람들은 벤처기업 주식을 살 때 기업의 수익 모델이나 성장성을 꼼꼼히 따지게 되었지. 그러자 미국의 IT기업들은 새 기술과 수익을 낼 수 있는 비즈니스 모델을 찾는데 승부를 걸었어. 하지만 한국의 IT기업들은 인정할 만한 기술 혁신을 이루지 못했지. 그래서 나스닥 지수는 회복되었지만 코스닥 지수는 폭락 후 지지부진한 흐름이 계속된 거야.

주식시장에서 뜨거운 맛을 본 사람들은 대부분 '기본으로 돌아가라(Back to the basics)'를 외쳐. 금융 투자의 기본이란 무엇일까? 대박을 꿈꾸지 말고 여윳돈으로 길게 투자하고, 신중하고 꼼꼼하게 상품을 고르고, 반드시 나누어 투자하라는 거야.

직접 투자가 망설여지면 간접 투자부터

주식 투자의 위험성을 듣고 나니 직접 투자할 자신이 없니? 그럼 우선 간접 투자 상품에 투자하면서 금융 투자 경험을 쌓아 보렴. 간접 투자 상품은 신탁이나 펀드 등 투자 전문가에게 돈을 맡기면 대신 투자해 주는 금융 상품이야.

신탁은 원래 돈이나 부동산 같은 재산의 관리나 처분을 믿을 수 있는 사람에게 맡기는 걸 뜻해. 그런데 재산을 대신 관리하거나 처분하는 일을 맡아서 해 주는 신탁회사가 등장하면서 신탁이라는 금융 상품이 생겨났어. 한국에서는 1970년대 초에 신탁 상품이 등장했는데, 은행예금보다 높은 이자를 받을 수 있어서 제법 인기가 높았어. 하지만 2000년대 들어 펀드가 간접 투자 상품의 대세가 되면서 지금은 연금신탁 정도만 명맥을 유지하고 있지.

펀드는 여러 사람으로부터 돈을 모아 만든 투자 기금을 뜻했어. 그러다가 자산 운용 회사가 생기면서 수수료를 받고 주식이나 채권, 부동산 등에 대신 투자해 주는 금융 상품을 일컫는 말이 되었지. 신탁은 돈을 포함한 다른 재산도 맡겨서 운용할 수 있는 데 비해, 펀드는 돈만 맡길 수 있어.

신탁회사나 자산 운용 회사의 투자 전문가는 투자 경험이 많고 경제 흐름을 살피는 눈이 밝아. 앞으로 어떤 산업이 크게 발전할지, 어느 지역의 발전 가능성이 커서 땅이나 건물 가격이 많이 오를지에 대해 보통 사람들보다 쉽게 알 수 있어. 그러니까 간접투자는 직접투자보다 덜 위험해. 투자를 하면서 따져 봐야 하는 일도 줄어서 시간을 절약할 수 있고.

하지만 간접투자 상품에 투자한다고 무조건 수익이 나는 건 아니야. 아무리 뛰어난 투자 전문가라도 언제나 투자에 성공하는 건 아니니까. 미래에 어떤 일이 일어날지는 아무도 알 수 없잖아.

나름 여러모로 따져 보고 투자한 기업의 공장에서 불이 나서 생산을 멈출 수도 있고, 코로나19 팬데믹처럼 누구도 예상하지 못했던 일이 일어나 경제 상황이 아주 나빠질 수도 있으니까 말이야. 그래서 신탁이나 펀드에서 돈을 찾을 때 맡긴 돈보다 적은 돈을 돌려받을 수도 있다는 걸 염두에 두어야 해. 그래도 여윳돈으로 장기 투자를 하면 원금을 손해 볼 확률은 그리 크지 않아.

펀드는 돈을 맡기는 방식과 투자 대상에 따라 여러 종류로 나뉘어. 돈을 맡기는 방식으로는 적금처럼 돈을 계속 맡기며 목돈을 모으는 적립식 펀드, 정기예금처럼 목돈을 한꺼번에 맡기는 거치식 펀드가 있어. 투자 대상으로 분류하면 주식 투자 비중이 큰 주식형 펀드, 채권 투자 비중이 큰 채권형 펀드, 주식과 채권 투자를 골고루 하는 혼합형 펀드, 부동산에 주로 투자하는 부동산 펀드 등이 있지. 또 주식형 펀드라도 어느 분야의 주식에 주로 투자하느냐에 따라 성장주 중심, 기술주 중심, 배당주 중심 등 종류가 다양해. 투자 지역으로 분류하면 우리 주식이나 채권, 부동산에 투자하는 국내형 펀드, 다른 나라 주식이나 채권, 부동산에 투자하는 해외형 펀드가 있어.

펀드 종류가 너무 많아서 무얼 고를지 모르겠다고? 워런 버핏은 금융 투자 초보자나 금융 투자에 많은 시간을 할애할 수 없는

사람이라면 인덱스 펀드에 장

기 투자할 것을 권했어. 인덱스 펀드

는 S&P500 지수, 나스닥100 지수, 다우존스 산업 평균

지수, 코스피200 지수 등 목표 지수를 선정하고 이 지수와 동일

★ S&P500은 미국 증권시장에서 거래되는 종목 중 '스탠더드앤드푸어스'라는 신용 평가 기
관이 선정한 500개 기업 주가를 기준으로 만든 지수이다.
나스닥100은 미국 나스닥 시장에서 거래되는 우량 기업 100개의 주가를 기준으로 만든 지
수이다.
다우존스 산업 평균 지수는 미국의 다우존스사가 선정한 미국 증권시장에서 거래되는 우량
기업 30개 종목 주가를 기준으로 만들어진다.
코스피200은 한국거래소가 선정한 200개 한국 대표 기업의 주가를 기준으로 만든 지수이다.

한 수익률을 올릴 수 있도록 운용하는 펀드야. 목표 지수를 선택하고 영향력있는 주식에 투자하여 펀드 수익률이 주가지수를 따라가도록 하는 상품이지.

나는 주식과 채권, 부동산, 원자재 등 여러 자산에 나누어 투자하는 자산 배분 펀드도 괜찮다고 봐. 안정적인 수익을 낼 수 있도록 시장 상황에 따라 투자 전문가가 각 자산에 대한 투자 비중을 조절하며 시장 변화에 대응할 수 있게 하는 펀드거든. 한술 더 떠서 투자 지역을 국내와 해외로 분산하는 글로벌 자산 배분 펀드도 등장했어. 이처럼 금융 상품은 계속 진화하니까 간접 투자를 하더라도 더 좋은 상품이 있는지 계속 관심을 갖도록 해. 그렇다고 분위기에 휩쓸려 가입 상품을 수시로 바꾸는 '펀드 갈아타기'를 하라는 건 아니야.

펀드를 판매하는 은행이나 증권회사에 가면 상담 직원들이 고객에게 가장 적합한 금융 상품을 소개해 줘. 하지만 상품 선택에 대한 책임은 투자자 자신에게 있어. 펀드에 맡긴 돈을 되찾을 때, 손해를 입었다고 해서 금융회사가 물어 주는 건 아니니까. 펀드의 환매 조건도 알고 있어야 해. 환매는 펀드에서 운용하는 주식이나 채권을 팔고 돈을 찾는 거야. 은행 예금은 해지 신청을 하면 바로 돈을 찾을 수 있지만, 펀드는 일단 환매 신청을 하고 일정 기간이 지난 후에 돈을 찾을 수 있어.

아이고, 더 중요한 말이 있는데 그냥 지나갈 뻔했네. 펀드에 가입하면 네가 맡긴 돈의 운용과 결과를 정리한 자산 운용 보고서를 보내 줘. 읽어 봐도 '역시 난 금융 문맹이야'라는 생각이 들 정도로 내용이 머릿속에 들어오지 않을 수 있어. 그렇다고 보고서를 내팽개치면 안 돼. 꼼꼼히 읽어 보며 모르는 내용은 찾아보면서 꾸준히 공부해야지. 가령 주식형 펀드에 가입했다면 자산 운용 보고서에 네 돈이 어떤 종류의 주식에 투자되었는지가 나타나. 그걸 보고 왜 투자 전문가가 그 주식을 샀을지, 주가가 달라지면 이유는 무엇인지 계속 알아 봐. 그러다 보면 모르는 사이에 금융 투자를 잘할 수 있는 능력이 길러질 거야.

계란을 한 바구니에 담지 마라

가진 돈을 다 털어 수익률이 가장 높을 것 같은 기업의 주식을 몽땅 샀어. 그런데 공교롭게도 이 기업이 망해 버렸어. 투자한 돈은 어떻게 되지? 주식이 모두 휴지 조각이 되었으니 투자한 돈을 한 푼도 건질 수 없어. 이런 일이 생길 위험을 피하려면 반드시 분산

투자를 해야 해. '계란을 한 바구니에 담지 말라!' 분산투자의 중
요성을 일깨워 주는 투자 격언이야. 계란을 한 바구니에 담으면
잘못하여 바구니를 떨어뜨렸을 때 모두 깨져 버려. 나누어 담았
다면 다른 바구니의 계란은 그대로 있었을 텐데 말이야.

　간접투자라도 하나의 펀드에 모두 돈을 맡기지 말고 분산투자
를 해. 간접투자는 직접투자보다 위험성이 낮지만 반드시 안전한
것은 아니거든. 심지어 노벨경제학상을 수상한 교수들이 관여했

던 펀드가 파산하는 일도 있었어.

롱텀 캐피털 매니지먼트는 1994년에 미국에서 세워진 투자 전문 회사야. 이 회사의 펀드는 엄청난 주목을 받았어. 세계 최고 경제학자로 손꼽히는 로버트 머튼 하버드대학 경제학 교수와 마이런 숄즈 시카고대학 경제학 교수 같은 쟁쟁한 사람들이 이 회사의 펀드 운영 전략을 세우는 데 참여했거든. 이 회사는 복잡한 수학적 모델을 바탕으로 안전하면서도 높은 수익을 올릴 수 있는 투자 방법을 개발했다고 홍보했어. 수익률이 높으면 위험성도 높아지는데, 수익률이 높아도 안전하다는 소문이 나자 사람들은 귀가 솔깃해졌지. 실제로 이 회사는 투자자들에게 첫 해에 20퍼센트, 이듬해에 43퍼센트, 3년째에 41퍼센트의 수익률을 가져다주었어. 소위 '대박'을 터트린 거야. 두 교수는 이런 성과에 힘입어 금융 상품 가치를 판단하는 새로운 방식을 개발한 공로로 1997년에 노벨경제학상을 수상하는 영예도 얻었어. 그런데 이후 엄청난 일이 일어났어.

네가 태어나기 전이라 모를 수 있는데, 1997년에 아시아에서 금융 위기가 발생했단다. 당시 한국은 IMF에서 돈을 빌려서 급한 불을 껐지.* 그런데 1998년 8월, 러시아는 빚을 갚을 능력이 없어서 아예 빚을 갚지 않을 거라고 선언했어. 러시아 정부가 발행했던 채권에 엄청난 투자를 했던 롱텀 캐피털은 큰 손실을 입었지. 이로 인한 타격을 극복하지 못하고 결국 2000년에 문을 닫았단다. 원숭이가 나무에서 떨어지는 것처럼 세계적인 경제학자들이 참여했던 투자회사도 이렇게 참담하게 실패할 수 있어. 그러니까 간접 투자를 하더라도 꼭 분산투자를 하는 게 좋아.

이것저것 따지려니 머리가 아프다면 우선 정액 분할 투자법을 이용해서 투자해 봐. 정액 분할 투자법은 적금처럼 매월 또는 일

---

*《국제거래와 환율 쫌 아는 10대》, 석혜원, 풀빛, 2019, 78~83쪽 참조.

정한 기간 단위로 정해진 금액을 주식이나 펀드에 꼬박꼬박 투자하는 방식이야. 때로는 원금보다 평가 금액이 제법 많아지고, 때로는 줄어들기도 해. 하지만 장기적으로 투자하면 장기투자와 분산투자 효과를 모두 누릴 수 있어. 금융 투자 초보자들에게 가장 쉽고 좋은 투자 방식이지.

6

다양한 금융 상품,
어떻게 고를까?

우선 재무 설계를 하자

까치 울음소리다! 까치가 울면 좋은 일이 생긴다는데, 무슨 일이 생길까? 그러고 보니 네게 들려줄 좋은 소식이 있어. 엄마와 통화했는데, 다음 달부터 네 한 달 용돈이 5만 원에서 15만 원으로 무려 세 배나 오른대. 엄마가 관리하던 네 몫의 돈도 넘겨주고. 돈을 모으고, 불리고, 지키는 경험을 쌓게 하려고 그러신대. 대신, 대학교 입학금과 첫 등록금은 네가 마련하는 조건이야. 그러니까 오늘은 돈 관리를 잘하기 위해 어떻게 금융 상품을 골라야 할지 알아보도록 하자.

보통 그림을 그리기 전에 우선 무엇을 어떻게 표현할지 생각하지? 금융 상품을 고르기 전에도 할 일이 있어. 바로 재무 설계. 재무 설계는 재무 목표를 세운 후 소득을 고려하여 돈 쓰기, 돈 모으기, 돈 불리기, 돈 나누기 등 돈 관리에 대한 계획을 세우는 거야. 재무 설계를 하면 쓸데없는 소비를 막고 효율적으로 돈을 모으고 불릴 수 있어.

재무 설계의 다섯 단계를 소개해 줄게. 첫째 단계는 재무 상태 파악하기, 둘째 단계는 단기·중기·장기로 나누어 재무 목표 설정하기, 셋째 단계는 목표 달성을 위한 계획 세우기, 넷째 단계는 계획에 따라 돈 관리하기, 다섯째 단계는 실행 결과를 평가하고 수정하기야.

네가 경제적으로 독립하게 되면 생애 전체에 걸쳐 재무 설계를 해야겠지. 아직 그럴 시기는 아니니까 우선 고등학교를 졸업할 때까지 달성할 목표를 정하고, 이에 대한 계획을 세워 봐.

먼저 너의 재무 상태부터 파악해. 한 달 용돈은 15만 원이고, 엄마에게 받을 목돈은 1,000만 원이야. 간단한 아르바이트로 번 돈이나 일 년 동안 받을 만한 특별 용돈 또는 세뱃돈 등, 아무튼 소득이 생기는 경우를 곰곰이 생각하면서 모두 적어 봐.

다음은 재무 목표 설정하기. 중학교 2학년인 7개월 동안과 고등학교를 졸업할 때까지의 기간에 대한 재무 목표를 세워 봐. 매

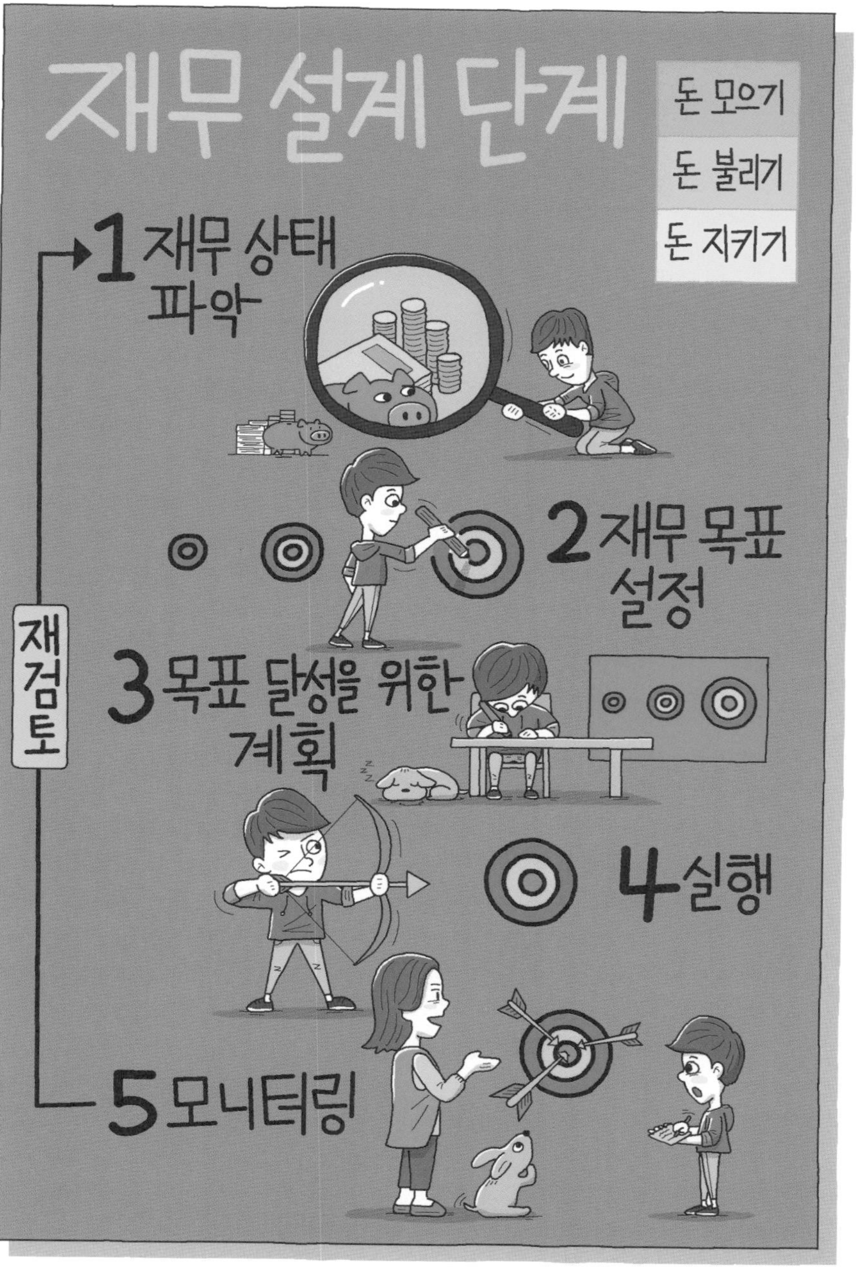

재무 설계 단계
돈 모으기
돈 불리기
돈 지키기
1 재무 상태 파악
2 재무 목표 설정
3 목표 달성을 위한 계획
4 실행
5 모니터링
재검토

월 어느 정도 소비할지, 큰돈을 들여서 꼭 사야 하는 것이 있는지 따져 봐야 해. 대학 입학금과 첫 번째 등록금을 네가 마련해야 되니까 적어도 그만큼은 저축해야지. 입학금과 대학 등록금은 학교와 학과에 따라 다른데, 한번 얼마나 돈이 필요한지 찾아볼게. 흠, 2021년 기준으로 가장 학비가 비싼 경우는 한 학기에 500만 원 정도야. 네가 55개월간 더 받게 될 용돈이 550만 원이니까 고등학생이 되어 소비가 늘어나도 문제없이 모을 수 있지?

지금까지는 매월 받는 용돈을 모두 소비했다고 했으니, 한 달 소비 액수는 5만 원이야. 이제부터 한 달에 1만 원씩 소비를 줄여서 4만 원만 쓸 거라고? 와우, 좋아요, 좋아!

재무 설계 이야기가 나온 김에 사람들의 생애 전체에 걸친 수

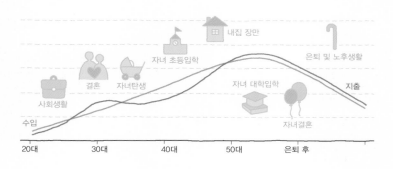

● 생애주기별 수입 지출 곡선 ●

입과 지출의 일반적인 흐름을 알아보자.

직업을 가지고 돈을 벌기 전에는 수입이 지출보다 적어. 직업을 가지면 일정한 소득이 생겨서 수입이 늘어날 거고, 경력이 쌓이면서 소득은 늘어날 거야. 당연히 소득이 늘면서 지출도 늘어나. 은퇴 후에는 지출이 수입보다 많아지지. 이런 흐름이 모든 사람에게 적용되는 건 아니고 사람에 따라 약간 다를 수 있어. 한 가지 꿀팁! 생애 전체의 재무 설계 계획을 짤 때, 소비 계획은 의식주 비용처럼 반드시 필요한 소비와 여행이나 취미활동처럼 삶의 질을 위한 소비로 나누어 세우는 게 좋아. 그래야 재무 계획을 다시 짜야 할 경우, 쉽게 수정할 수 있거든.

경제 흐름을 읽는 안목을 기르자

나의 재무 설계가 궁금해? 오케이, 사람마다 재무 상태나 목표가 다르긴 해도 알려줄게. 네가 재무 설계 목표를 달성하기 위한 계획을 세울 때 참고하게.

내가 40대 후반일 때, 남편이 더 이상 일할 수 없을 정도로 건강에 문제가 생겼어. 나는 계속 직장 생활을 할 수 있었지만 고심

하다가 직업과 삶의 터전을 바꿀 결심을 했지. 당시 우리 재무 상태가 더 돈을 벌지 않아도 충분히 생활을 꾸려 나갈 수 있어서 그런 결정을 내렸지. 결혼하면서 세웠던 돈 모으기와 돈 불리기 목표를 10년 이상 앞당겨 달성했거든. 이 집터는 40대 초반에 은퇴후 생활을 위해 먼저 마련해 두었어. 다만 집을 짓고 이사하는 일이 원래 계획보다 좀 빨라진 거야.

어떻게 재무 목표 달성을 앞당길 수 있었느냐고? 내 집 마련 이야기부터 할게. 결혼 후 생애 전체의 재무 설계를 할 때 가장 먼저 달성할 목표로 내 집 마련을 잡았어. 대부분의 사람들은 저축으로 어느 정도 목돈이 모이면 부족한 돈은 주택담보대출을 받아서 집을 사. 그리고 대출 원금과 이자를 갚아 나가. 우리는 전세로 빌린 작은 아파트에서 신혼살림을 시작했지. 다행히 내가 일했던 외국은행에는 직원에게 일반은행보다 훨씬 낮은 금리로 주택자금을 빌려주는 제도가 있었어. 그래서 직원 주택담보대출을 받아 진수가 태어나기 몇 개월 전에 내 집을 마련했어. 집을 살 때 투자의 관점에서 얼마나 가격이 오를 수 있는지를 가장 먼저 따지는 사람들도 있어. 하지만 나는 삶의 질이 가장 중요하다고 생각했기 때문에 출퇴근하기 편한지, 초등학교까지 안전하게 걸어갈 수있는지, 중·고등학교까지 편하게 통학할 수 있는지, 걸어서 가는 위치에 산책할 만한 곳이 있는지 등을 따져 보고 선택했어. 적어도 20년은 살 계획이었으니까 제법 넓은 아파트를 샀지.

대출을 받았지만 빌린 돈과 이자를 갚으면서 따로 저축할 여유가 있었어. 대출 원금과 이자를 20년에 걸쳐서 갚으면 됐거든. 그래서 계속 차곡차곡 돈을 모았는데, 이 돈이 슬금슬금 불어난 게 아니라 쑥쑥 불어나서 재무 목표 달성을 앞당길 수 있었던 거야. 내가 2000년대의 금융 투자에서 높은 수익률을 올릴 수 있었던 건 경제 흐름을 읽은 덕분이지. 한국 경제는 1990년대 후반부터 급속한 성장의 후유증으로 몸살을 앓았어. 1997년의 경제 위기는 대략 수습했지만 1999년에 대우그룹의 몰락, 2000년에 닷컴 버블 여파로 코스닥 시장 대폭락, 2002년에 카드 대란, 2003년에 부동산 가격 폭등 등 큰 사건들이 연속적으로 일어났지. 2003년은 정치 상황도 몹시 어수선했어.

이런 소용돌이를 겪으면서 '골이 깊으면 산이 높다'는 말이 떠올랐어. 주가가 크게 폭락한 후에 주식시장이 살아날 때 상승도 큰 폭으로 일어난다는 말이야. 정치적으로 혼란스럽고 경제 상황도 별로 나아지지 않았지만 난 주식시장이 슬슬 기지개를 켤 거라고 판단했어. 그렇게 되기까지 예상보다 시간이 걸릴 수 있어도 주식시장이 긴 잠에서 깨어나면 주가가 큰 폭으로 뛸 거라고 확신했지.

　2003년 말에 정기예금 금리는 5퍼센트 정도로 지금보다 훨씬 높았지만, 난 금융자산의 운용 방식을 바꾸었어. 돈 모으기를 위해 정기적금보다 적립식 주식형 펀드의 비중을 늘렸단다. 돈 불리기를 위한 금융 상품을 선택할 때도 안전성보다는 수익성에 무게를 두었지. 그래서 주가지수 연계 증권인 ELS와 랩어카운트를 통해 운용하는 금액을 대폭 늘리고, 직접 주식 투자에도 뛰어들었어. ELS는 주가나 주가지수에 연계되어 투자 수익이 결정되고, 기초 자산의 가격이 일정한 조건을 충족하면 약속한 수익률을 지급하는 금융 상품이야. 랩어카운트는 증권회사의 금융자산 관리사가 고객의 투자 성향에 따른 맞춤형 투자 서비스를 제공하고 그 대가로 수수료를 받는 상품이고. 당시 랩어카운트에 가입하려면 최저 5,000만 원이 필요하니 누구나 가입할 수 있는 상품은 아니었지. 지금은 증권회사마다 다르지만 랩어카운트 가입을 위한 최저 금액이 많이 내려갔어. ELS와 랩어카운트가 어떤 상품인지 설명을 들어도 도통 모르겠다고? 휴, 이런 건 금융 상품에 투자해 봐야 쉽게 이해할 수 있는데. 그래서 금융 투자에서는 실제 경험이 중요해. 우선 하던 이야기를 마무리 할게. 코스피 지수가 처음 발표된 1980년부터 2020년까지의 코스피 그래프를 살펴 봐.

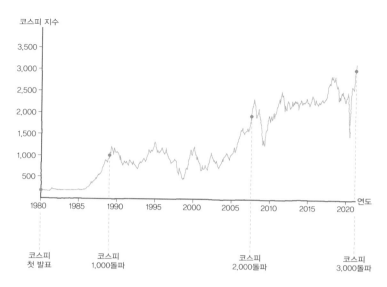

코스피 지수

3,500 —
3,000 —
2,500 —
2,000 —
1,500 —
1,000 —
500 —

1980   1985   1990   1995   2000   2005   2010   2015   2020   연도

코스피   코스피   코스피   코스피
첫 발표   1,000돌파   2,000돌파   3,000돌파

● **코스피 지수의 변화** ●

　2003년 말에 800포인트를 살짝 웃도는 수준이었던 코스피 지
수가 2005년에는 거의 1,500포인트까지 올랐지? 주가가 너무 급
하게 올라서 난 주식시장에 거품이 생겼을지 모른다고 생각했어.
또 2006년 중반에 미국에서 서브프라임 모기지론 사태*가 발생
했는데 이를 계기로 주식시장이 휘청거릴 거라고 판단했지. 그래
서 주식 투자 비중을 바로 반으로 줄였어. 그런데 내 예상은 빗나
가고 2007년 7월에 한국 주식시장 역사상 처음으로 코스피 지수

★《엎치락뒤치락 세계 경제 이야기》, 석혜원, 풀빛, 2017, 278~281쪽 참조.

가 2,000포인트를 넘었지 뭐야. 거품을 아랑곳하지 않고 여전히 주식시장으로 돈이 몰려들었거든. 주가가 계속 오르자 금융 투자에 대한 관심이 높아져서 1가구 1펀드 시대가 될 정도로 간접투자 시장도 커졌거든.

그런데 2007년 10월까지 거침없이 오르던 코스피 지수는 2008년에 반 토막이 될 정도로 떨어졌어. 2008년 세계 금융 위기로 세계 모든 나라의 주식시장이 그야말로 초토화되었지. 나도 이때는 줄어든 자산 평가액을 보며 마음고생을 좀 했어. 몇 년 동안 스스로 금융 투자의 달인이라고 여기며 자만했다가 크게 얻어맞은 거지. 다시 주가가 어느 정도 회복되어 1,700포인트를 넘기자 가지고 있던 주식을 대부분 팔고 직접 주식 투자에서 거의 손을 뗐어. 이후 금융자산의 대부분을 ELS를 통해 운용하고 있단다. 우여곡절은 겪었지만 아무튼 2000년대의 투자 수익률이 아주 높아서 돈 모으기와 돈 불리기 목표 달성을 10년 이상 앞당길 수 있었던 거야.

나는 운이 좋았던 셈이야. 경제 흐름을 읽는 안목을 가진 덕분이기도 하지만. 만약 이런 안목이 없다면 어땠을까? 높은 수익률을 낼 수 있는 기회인데도 적극적으로 투자하지 못하거나 주식시장의 거품을 보지 못하고 무모하게 투자했을 수 있어. 주식시장이 게걸음*을 걷는데 주식 투자 비중을 줄이지 않아서 수익을 내지 못했을 수도 있고. 그러니까 금융 투자를 하려면 금융시장의 상황을 분석하고 예측할 수 있는 안목을 길러야 해.

반갑지 않은 사실이지만 경제 전문가들이 예측하는 장기적인 경제 흐름을 알려 줄게. 2008년 세계 경제 위기 이후 세계적으로 낮은 성장과 높은 실업이 장기 추세로 자리 잡았어. 예전처럼 높은 성장을 기대하기 힘든 상황이 지속된다면 장밋빛 투자 환경은 기대하기 힘들겠지? 금융 투자를 하면서 수익률에 대한 기대치는 너무 높지 않게 잡아야 마음이 편할 거야. 재무 설계를 할 때도 소득과 소비에 대한 눈높이를 적당히 조절해야 하고.

포트폴리오, 그때그때 달라요!

'포트폴리오'(portfolio)라는 말을 들어 봤니? 원래 칸이 구분되어 있는 서류 가방을 뜻하는데, 경제 용어로는 분산투자를 통해서 보유한 자산의 목록을 뜻해. 예를 들면 내가 금융자산을 예금, 채

★ 주가가 일정 기간 동안 크게 상승하거나 하락하지 않고 게가 걷는 것처럼 변동 없이 이어지는 상태를 말한다.

권, 펀드, 주식에 나누어 분산투자했다면 예금, 채권, 펀드, 주식이 내 금융자산의 포트폴리오지. 그러니까 재무 목표 설정 후 이를 달성하기 위한 계획을 세우는 것은 포트폴리오를 선택하고 그 비중을 정하는 일이라고 할 수 있어.

재무 목표가 똑같다고 할지라도 개인의 재무 상태와 투자 성향, 나이 그리고 경제 상황에 따라 포트폴리오의 종류와 비중은 달라져. 난 2000년대에 안전성보다는 수익성에 무게를 두고 금융 상품을 선택했어. 경제 상황의 변화에 맞추어 포트폴리오의 비중을 바꾼 거야. 같은 사람이라도 시간이 흐르면 변화된 상황에 맞추어 포트폴리오를 선택하는 기준은 달라져. 내 경우에도 매월 일정한 월급을 받을 때는 유동성을 거의 고려하지 않았지만, 지금은 유동성도 고려해. 수익성과 안정성을 놓고 저울질할 때도 수익성보다는 안정성에 무게를 두고.

지금 나의 포트폴리오가 궁금해? 별 걸 다 물어보네. 어릴 때도 "뭐야? 뭐야?" 하면서 엄마에게 묻곤 하더니 여전히 궁금한 게 많구나. 난 노후 생활을 걱정하지 않을 정도의 재산을 가지고 있어. 생활비 걱정에서 벗어나면 더 이상 일하지 않을 거라는 사람들도 있지만 난 성취감이나 기쁨을 느끼는 일을 하는 게 좋더라고. 그래서 경제경영 전문 번역가로 일해. 남편도 건강을 회복하고 나서 집에서 프리랜서 프로그래머로 일하고. 둘 다 프리랜서니까 근로소득은 없고 사업소득이 있지. 전에 살았던 아파트를 빌려주고 받는 임대 소득과 금융 투자로 얻는 이자와 배당금 등 금융 소득이 있고. 대학생인 진수의 교육비를 포함한 일상적 소비는 사업소득과 임대 소득의 범위 내에서 이뤄지고 있지. 돈을 더 모을 생각은 없어서 사업소득과 임대 소득의 일부를 따로 저축하진 않아. 그래도 매년 금융 소득만큼 돈이 불어나니 그저 감사하지.

집을 살 때 받았던 대출은 모두 갚았고, 더 이상 대출 받을 일은 없어서 은행과의 거래는 보통예금과 정기예금만 하고 있어. 대출을 받아서 임대 소득을 받을 수 있는 상가나 오피스텔을 사는 사람들도 있는데, 부동산 투자는 내 성향에 맞지 않아서 하지 않았어. 그런데 부동산 투자를 잘할 자신이 있다면 대출을 받아서 이를 적절하게 활용하는 것도 괜찮다고 봐. 돈을 빌릴 때 갚을 수 있는 범위 내인지 잘 따져 보아야 하지만 말이야.

사업소득과 임대 소득으로 얻는 수입과 생활비로 쓰는 지출은 보통예금 통장을 이용하고 있어. 프리랜서의 사업소득은 일정하지 않아서 유동성을 고려해야 하지. 그래서 보통예금 잔고는 6개월 생활비 정도로 유지해. 너는 매달 일정하게 용돈을 받으니까 금융 상품을 선택할 때 유동성은 신경 쓸 필요가 없을 거야.

　정기예금에는 예금자 보호 제도로 보호받을 수 있는 금액 정도만 맡기고, 금융자산의 대부분은 ELS, 랩어카운트, 직접 주식 투자로 운용해. 적금과 펀드는 포트폴리오에서 빠졌지. 한동안 주식도 포트폴리오에서 제외했는데, 2016년에 2차 전지 관련 주식을 산 걸 계기로 다시 넣었어. 에너지와 전기 자동차 전문가이자 스탠퍼드대학교 겸임 교수인 토니 세바가 저술한 《에너지 혁명 2030》을 읽었는데, 2030년에는 전기 자동차가 내연기관 자동차를 대체할 거라는 전망에 혹했거든. 그래서 전기 자동차의 핵심 부품인 2차 전지 관련 주식이 사고 싶어졌어. 주식 투자의 수익률이 제법 높지만, 비중을 크게 늘리진 않았어. 주식 투자의 위험성을 낮추려면 이것저것 따져야 할 게 많아서 분석을 하는 데 많은 시간이 소요되기 때문이지. 지금 내게 있어 가장 소중한 자산은 돈이 아니라 시간이거든.

　'100-나이 법칙'을 적용하면 금융자산의 반 이상을 안전한 금융 상품에 맡겨야 하는데, 금융 상품 투자 경험이 많아서 위험성을 비교적 잘 판단하니 손실을 보지 않을 거라고 나 자신을 믿나 봐. 그래도 나이가 더 들면 은행예금을 늘리는 걸 고려해 봐야지.

물고기 잡는 법을 알면

나는 앞으로 큰돈이 들어갈 일은 거의 없을 것 같아. 많은 사람들이 생애 전체 재무 설계를 할 때, 자녀 결혼 시기에 목돈이 필요하다는 계획을 세워. 우리는 좀 다른 계획을 세웠어. 진수가 학업과 군 복무를 마치고 직업을 가지면 부모 도움 없이 살게 할 생각이었거든. 야박하다고? 하하. 진수는 이미 자기 몫의 돈을 제법 모았으니 괜찮을 거야. 진수 이야기를 듣는 순간 네 눈이 번쩍 뜨이네. 우리는 진수에게 물고기 잡는 법을 가르쳤어. 유대인들은 자녀에게 물고기를 주지 말고 물고기 잡는 법을 가르치라고 해. 이를 금융 교육에 적용하면 자녀에게 돈을 물려주지 말고 돈 관리하는 방법을 가르치는 거지. 그래서 진수에게 일찍부터 금융 교육을 시키기로 한 거야.

첫돌이 좀 지나고 진수의 정기예금 통장을 만들어 목돈을 불려 나가기 시작했어. 자유 적립식 통장도 만들어 친척과 친지들이 진수에게 주는 돈은 모두 이 통장에 입금했고, 일 년에 한 번씩 모인 돈을 증권회사로 옮겨 배당을 잘 주는 주식을 사 주었지. 초등학교 입학 때까지 돈이 제법 불어났단다. 초등학교 입학식 날, 진수에게 자기 몫의 돈이 있다는 걸 알려주었어. 아직 돈의 가치를 잘 몰랐던 진수의 질문을 듣고, 빵 터졌지. 그 돈으로 스타워즈 레고를 몇 개나 살 수 있는지 물어보았거든. 스타워즈 레고를 사서 천정까지 쌓아도 돈이 남는다고 하니까 신난다고 팔짝팔짝 뛰더라구.

진수가 학교생활에 잘 적응했다는 판단이 서자 초등학교 1학년 2학기부터 매주 용돈을 주었어. 바람직한 돈 관리 습관을 위한 교육을 하려고. 별 쓸모없는 물건을 사고 싶어 할 때 용돈으로 사라고 하면 단념하더라. 3학년이 되면서부터는 주 단위였던 용돈을 월 단위로 주었어. 매월 10만 원씩 좀 넉넉하게 용돈을 준 건 저축과 기부를 가르치기 위해서였지.

5학년 때는 진수에게 목돈을 더 주고 스스로 금융 투자를 해 보도록 했어. 용돈도 매년 인상해 주었고. 완전히 맡긴 건 아니고 금융 상품 선택은 함께했지. 수익성을 우선으로 투자한 건 아니었지만 장기로 투자하다 보니 진수의 돈은 계속 불어났어. 복리의 마법이 일어난 거야. 대학교에 진학할 때 또 목돈을 주었어. 한국에서는 세금을 물지 않고 부모가 미성년 자녀에게 10년마다 2,000만 원 씩, 성년 자녀에게는 5,000만 원씩 줄 수 있어. 그래서 세 번에 걸쳐서 목돈을 주었고, 이를 함께 불려 나가며 경제적 독립 준비를 시킨 거야. 이 정도 했으니 결혼 자금을 보태 주지 않아도 결코 야박한 게 아니지?

아무튼 진수는 어려서부터 돈 관리를 잘하는 생활 습관을 익혔고, 금융 투자 지식과 경험을 쌓았어. 진수는 돈 걱정하지 않고 살 거야. 이미 돈과 금융을 제대로 알고, 돈 관리를 잘할 자질을 갖추었으니까 말이야.

욕심을 부리면 판단이 흐려져

닷새 간 정말 많은 공부를 했지? 이제 좀 쉬자. 참, 아까 엄마한테 연락 왔는데 널 데리러 와서 함께 저녁을 먹고 떠날 거래. 둘 다 수고했다고 맛있는 음식을 가져 온다지 뭐야! 뭐라고? 공부를 더 하자고? 알고 보니 제법 욕심이 많구나. 투자할 때 욕심을 다스리지 못하면 낭패를 볼 수 있어. 속된 말로 대박을 노리다 쪽박을 차는 거지. 하지만 지식에 대한 욕심은 많을수록 좋아.

진수는 어떻게 금융 투자를 했는지 자세히 알고 싶단 말이지. 좋아, 알려줄게. 진수는 매월 용돈을 받으면 40퍼센트는 소비, 50 퍼센트는 저축, 10퍼센트는 기부한다는 원칙을 세웠어. 저축할 돈은 둘로 나누어 1년 만기 정기적금과 적립식 펀드에 맡겼지. 진수에게는 국내 주식형 펀드를 권했어. 펀드 투자를 통해 경제 흐름을 공부하려면 이름이라도 아는 기업의 주식에 투자하는 게 좋을 것 같아서. 세뱃돈처럼 어쩌다 들어오는 돈은 일단 자유 적립식 적금에 맡겼다가 일 년에 한 번씩 증권회사로 옮겨 배당을 잘 주는 주식을 샀고. 정기적금 만기일에 원금과 이자를 찾으면 적립식 펀드의 평가 금액과 비교해 보게 했어. 수익률을 비교하고 경제 상황의 변화 등 펀드의 평가액에 영향을 주었던 이유를 차근차근 알려주니 자연스럽게 경제 흐름을 알게 되더라. 5학년 때는 주택 청약 통장을 만들고 매월 2만 원씩 자동이체를 했어. 주택 청약 통장은 나중에 내 집 마련을 할 때 요긴하게 사용할 수 있거든.

고등학생 때까지 정기예금, 거치식 펀드, ELS에 나누어 돈 불리기를 하게 했어. 수익성과 안전성을 비교하면서 금융 상품을 선택하는 경험을 쌓게 해 주려고. 펀드 투자를 통해 세계 경제를 공부하면 좋을 것 같아서 거치식 펀드는 국내형과 해외형 펀드로 나누어 투자했어. 이렇게 분산투자를 하다 보니 통장 만들기가 취미냐고 할 정도로 통장이 많아졌지 뭐야. 다양한 금융 상품에 투자하면서 자신의 투자 성향을 깨닫고, 성향에 맞는 금융 상품을 선택하는 노하우를 터득하게 하려는 의도였어.

고등학교 졸업 후부터는 스스로 알아서 금융 투자를 하라고 했어. 손실을 보면 어쩌려고 그렇게 했느냐고? 손실 경험은 앞으로 금융 상품을 선택할 때 좋은 약이 되어 줄 테니까. 금융 투자를 하면서 손실을 경험하지 않은 사람은 정말 운이 좋은 초보자뿐일 거야. 그러니까 손실은 차라리 투자 자금이 크지 않을 때 미리 경험하는 것이 좋다고 생각했어.

돈을 잘 모으고 불렸지만 나중에 위험한 투자로 큰 손실을 입고 돈 지키기에 실패한 유명한 사람들이 제법 있어. 대표적인 사람이 만유인력의 법칙을 발견한 과학자 아이작 뉴턴이야. 교훈이 되는 일화니 들려줄게.

영국 남해 회사 버블은 닷컴 버블과 마찬가지로 버블의 역사에서 꼭 거론되는 사건이야.[*] 18세기 초, 지나친 국채 발행으로 늘어난 국가 채무가 고민이었던 영국 정부는 주식회사를 만든 후, 그 회사 주식으로 국채를 매입하여 국가 채무를 줄이려고 했지. 이런 꼼수로 1711년에 설립된 남해 회사는 국채를 떠안는 대신 여러 특혜를 받았어. 하지만 이 회사는 경영을 잘해서 수익을 내는 게 아니라 주가를 올리는 데 총력을 기울였지. 스페인 정부가 남미의 모든 항구에 자기 회사 선박이 입항하는 걸 허가했다거

★《엎치락뒤치락 세계 경제 이야기》, 석혜원, 풀빛, 2017, 42~45쪽 참조.

나, 세계 은 생산량의 절반을 차지했던 볼리비아 포토시의 은광 채굴권을 취득했다는 등 헛소문을 퍼뜨리면서 말이야. 이런 소문에 귀가 솔깃해진 사람들이 열광하며 주식을 사들이자 1720년 초에 128파운드였던 주가는 3월에 330파운드, 5월 말에는 550파운드, 8월 초에 1,000파운드를 넘어섰어. 하지만 거기까지가 끝이었지. 1,000파운드 넘는 주가를 비정상적이라고 판단한 일부 투자가들이 주식을 팔기 시작하면서 주가는 내리막길로 접어들었어. 주가는 오를 때보다 더 가파른 속도로 떨어졌고, 결국 1721년에는 100파운드 아래에서 거래되었지. 이때 뉴턴은 남해 회사 주식을 샀다가 일부를 팔아서 7,000파운드의 수익을 얻었어. 그러나 다시 주식을 사들였는데 그만 버블이 꺼지면서 2만 파운드의 손실을 보았단다. 2020년 가치로 440만 파운드이니 약 7억 원에 달하는 손실을 본 거야. 만약 뉴턴이 젊었을 때 주식 투자로 손실을 본 경험이 있었다면, 나이 들어서 이처럼 무모한 투자를 했을까?

뉴턴은 이런 말을 했어. "나는 별들의 움직임은 측정할 수 있었지만 인간의 광기는 계산할 수 없었다." 난 뉴턴이 계산할 수 없었던 것은 인간의 광기가 아니라 자신의 욕심이었다고 생각해.

그래도 뉴턴은 계속 근로소득이 있어서 천만다행이었지. 뉴턴은 1696년부터 돈을 인쇄하는 조폐국에서 일했는데, 1699년에

말풍선: 투자도 과학이라구! 이 천재 과학자를 믿고 해 봐.

말풍선: 자! 이제 오를 일만 남았습니다. 지금 주식 안 사면 바보예요!

말풍선: 정말?

● 남해 회사 버블을 풍자한 그림. 영국 미술가 에드워드 매튜 워드의 작품.
테이트 브리튼 소장(출처: 위키미디어 커먼즈) ●

조폐청장이 되어 1727년에 세상을 뜰 때까지 그 자리를 지켰거든. 소득이 없는데 78세에 재산의 3분의 2 정도를 날려 버렸다면 아마 울화병이 들어서 수명이 단축되었을걸.

난 돈 불리기보다 돈 지키기를 중요하게 생각하니까 수비수의 입장에서 투자를 해. 새로운 금융 상품에 투자할 땐 돌다리도 두

들겨 보고 건너는 식으로 접근하지. 그런데 진수는 투자를 게임하듯이 하더라고. 새로운 금융 상품이 나오면 맛보기로 무조건 조금씩 투자해 보는 거야. 투자 성향에 적합하다고 판단하는 금융 상품도 나와 달라. 펀드를 거래소에 상장시켜 주식처럼 거래하는 금융 상품인 ETF(Exchange Traded Fund)에 투자하는 비중이 제일 커. 주식시장 지수를 따르는 ETF 외에도 자신의 투자 스타일에 적합한 배당주나 가치주 ETF도 있어서 좋다고 말이야. 크라우드 펀딩*의 투자자가 되기도 하더라고.

2020년 말부터 암호화폐 바람이 불자 암호화폐를 사기도 했어. 비트코인은 가격이 너무 높아서 다양한 알트코인을 분석해 보고 골랐다나. 한국뿐 아니라 세계적으로 암호화폐 시장이 달아오르자 제법 수익률이 높다고 은근히 자랑을 하더라. 그런데 여러 나라 금융 당국들이 암호화폐에 대한 규제를 들먹이자 2021년 4월 중순에 암호화폐 가격은 큰 폭으로 떨어졌어. 진수도 놀라서 암호화폐를 모두 팔아 버렸는데, 투자금이 많지 않아서 손실은 미미했대. 판단력을 잃고 무모한 투자를 할 만큼 욕심 부리지 않는 걸 보니 앞으로도 걱정하지 않아도 될 것 같아.

★ 자금을 필요로 하는 수요자가 온라인 플랫폼 등을 통해 여러 사람으로부터 돈을 모으는 방식이다.

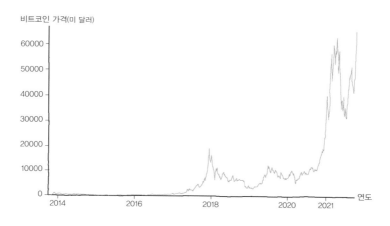

비트코인 가격(미 달러)

60000
50000
40000
30000
20000
10000
0

2014　　2016　　2018　　2020　2021　　연도

● 비트코인 시세(자료: 코인데스크) ●

투자 성향을 알고, 이것저것 따져 보고

ELS(Equity-Linked Securities) 이야기를 자주 했는데, ELS는 기초
자산의 주가지수가 일정한 조건을 충족하면 약속한 수익률을 지
급하는 파생 금융 상품이야. ELS 투자는 어떻게 하느냐고? 파생
금융 상품 투자는 금융 투자 경험이 쌓인 후에 하는 게 좋아. 그나
마 ELS는 다른 종류의 파생 금융 상품에 비해 상품 구조를 이해
하고 선택하기 수월해. 또 100만 원 단위로 투자할 수 있어서 투
자 자금이 많지 않아도 투자할 수 있고. 그러니까 너도 투자할 수

있어. 그렇지만 기대 수익률, 원금 보장 조건, 조기 상환 조건 등 상품 구조를 이해해야 안전한 상품을 고를 수 있어.

파생 금융 상품과 ELS의 차이점이 궁금해? 파생이란 사물이 어떤 근원으로부터 갈라져 나와 새로 만들어지는 걸 말해. 이걸 금융 상품에 적용해 보자. 전통적인 금융 상품은 예금·외환·주식·채권 등이지. 파생 금융 상품은 이런 전통적인 금융 상품을 바탕으로 새로 만들어진 모든 금융 상품을 말하는 거고, 그중 하나가 ELS야.

그 외에 파생 금융 상품은 전통적인 금융 상품에 투자할 때 예상되는 금리, 환율, 주가의 변동에 따른 위험을 줄이고 수익률을 높이려는 목적으로 만들어졌어. 하지만 파생 금융 상품 구조를 이해하지 못하고 수익률만 보고 투자하여 손실을 본 경우가 종종 발생해 사회 문제가 된 적이 있었어. 그래서 2021년 5월, 투자자 보호 제도가 강화되면서 투자 과정이 좀 까다롭게 변했지. 하지만 ELS만큼 내 투자 성향에 딱 맞는 금융 상품은 찾지 못해서 아직도 내가 제일 좋아하는 금융 상품은 ELS야.

왜 ELS를 좋아하느냐고? 안전성과 수익성을 동시에 누릴 수 있거든. 예금이나 채권에 투자하면 수익률이 너무 낮고, 펀드는 환매 전에는 수익률과 위험을 예상할 수 없어. 직접 주식 투자를 하면 시장 상황을 살피고 분석하느라 시간을 많이 빼앗길 뿐만 아니라 주가가 출렁일 때마다 신경이 쓰이지. 그런데 ELS는 주가 가 일정한 수준만 유지하면 손실을 보지 않아서 위험성이 낮은 데도 수익률은 정기예금의 3배 이상을 기대할 수 있거든.

난 ELS도 철저하게 분산 투자를 해. 개별 상품을 선택하는 노 하우가 궁금하다고? 열 번 설명을 듣는 것보다 실제로 한번 보는 게 낫겠지? 일요일 오후면 다음 주에 판매되는 ELS 상품 안내가 올라와 있을 테니, 네게 보여 주면서 청약할 상품을 미리 골라야 겠다. 내가 거래하는 증권회사에서 다음 주에 판매하는 ELS 상품 을 보고, 관심 있는 상품을 골라서 정리해 볼게.

상품명	기초 자산	특정 조건 충족 시 수익률(세전)	조건 미충족 시 손실률	조기 상환 조건
ELS30001	S&P500 HSCEI EuroStoxx50	연 4.0퍼센트	최대 손실률 -100퍼센트	95-95-75-75 -65-65/45
ELS30003	S&P500 HSCEI EuroStoxx50	연 4.0퍼센트	최대 손실률 -100퍼센트	95-90-85-80 -75-70/50
ELS30005	Netflix Inc. Micron Technology Inc.	연 10.6퍼센트	최대 손실률 -100퍼센트	90-85-85-80 -80-75/45
ELS30008	General Motors Co. Advanced Micro Devices Inc.	연 10.2퍼센트	최대 손실률 -100퍼센트	90-85-85-80 -80-75/45

• 표1 •

난 이것만 봐도 상품 구조를 금방 파악할 수 있어. 상품명을 클릭해서 자세한 설명을 읽어 보렴. 설명을 읽어도 도통 이해되지 않는다고?

ELS는 기초 자산이 주가 지수인 지수형과 특정 회사의 주식인 종목형, 주가 지수와 종목이 섞인 혼합형으로 나눌 수 있어. 종목형의 수익률이 가장 높은데, 손실을 볼 위험성도 가장 높아. 표1에서 기업 이름이 아닌 다른 기초 자산은 무얼 뜻하느냐고? S&P500은 미국 증권시장에서 거래되는 종목 중 '스탠더드앤드푸어스'라는 신용 평가 기관이 선정한 500개 기업 주가를 기준으로 만든 지수였지? 이처럼 각 나라 주식시장의 대표 주가 지수들을 가리켜. HSCEI는 홍콩 주식시장에서 거래되는 중국 본토 40개 기업을 선정하여 만든 주가 지수이고, EuroStoxx50는 유럽 12개국 주식시장에서 거래되는 50개 우량 기업의 시가총액을 기준으로 만든 주가 지수이지. 한국과 일본의 주식시장에서 거래되는 대표 기업의 주가를 바탕으로 만들어진 한국의 KOSPI200이나 일본의 NIKKEI225가 기초 자산인 상품도 있어.

표1의 조기 상환 조건을 보면 원금을 찾을 수 있는 기회를 알 수 있어. 95, 70, 45 등의 숫자는 기초 자산 가격의 95퍼센트, 70퍼센트, 45퍼센트를 뜻해. 내가 검토 중인 상품들은 모두 만기가

3년이지만 6개월마다 조기 상환할 수 있는 기회가 있어. 만약 ELS30001에 청약했는데, 6개월 후 모든 기초 자산의 가격이 기준가의 95퍼센트 이상이라면 연 4퍼센트의 반인 2퍼센트의 배당을 받고 조기 상환되는 거지. 조건을 충족하지 못할 경우 손실률은 -100퍼센트지만 기초 자산이 모두 0이 되는 일은 지구 멸망 전에는 일어나지 않아. 가장 신중하게 검토할 조건은 /45이나 /50으로 나타낸 낙인 조건이야. 이는 3년 동안 기초 자산 지수 중 어느 하나라도 45퍼센트 또는 50퍼센트 미만으로 내려가면 손실을 볼 수 있다는 걸 뜻해. 그러니까 낙인 숫자가 클수록 손실 확률이 높아. 중간에 낙인 구간까지 기초 자산 지수가 내려가더라도 무조건 손실을 보는 건 아니야. 남은 기간 동안 기초 자산 지수가 회복되어 조기 상환 조건이 충족되면 원금은 물론이고 기대 수익이 더해진 돈을 돌려받게 되거든.

난 돈 불리기보다 돈 지키기를 더 중요하게 생각해. 그러니까 기초 자산과 수익률이 같은데 ELS30001의 낙인은 45이고 ELS30003의 낙인은 50이니 위험률이 낮은 ELS30001을 선택할 거야. 그래도 일단 세 지수의 과거 10년과 3년간의 추이를 살펴봐야지. S&P500의 10년간 지수를 보면 현재 주가 지수의 45퍼센트 미만인 적이 있었지만, 최근 3년간을 보면 괜찮아. 더구나

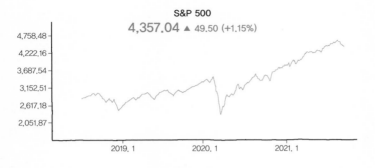

● S&P500 최근 3년간 그래프 ●

코로나19 팬데믹 후 미국에서 달러화를 많이 풀어서 달러화 가치가 하락한 걸 감안하면 45퍼센트 미만으로 갈 확률은 희박해 보여. HSCEI과 EuroStoxx50 지수도 점검해 봐야지. S&P500, HSCEI, EuroStoxx50 모두 현재보다 주가 지수가 45퍼센트 미만으로 내려가는 일은 생기지 않을 것 같은데.

그런데 종목형 ELS의 낙인이 45인데, 수익률이 10퍼센트 이상이라니 관심이 생기지. 일단 기초자산인 기업의 주가 추이를 검토해 봐야해. 기업명을 치고 검색하면 각 기업의 주가 그래프를 볼 수 있어. 우선 10년 동안의 주가를 보면서 위험성을 점검해. 넷플릭스는 코로나19 팬데믹 이후 급성장한 기업이라 그렇다 치지만 마이크론테크놀로지도 현재 주가의 45퍼센트 미만 수준이었던 기간이 제법 길어. 그럼 다시 최근 3년간의 주가를 검토할

게. 음, 현재 주가가 너무 올라 있는 상태라 2008년의 금융 위기 같은 일이 생기면 45퍼센트 미만으로 떨어질 수 있을 것 같은데. 그렇다면 수익률이 높아도 ELS30005는 탈락, 제너럴모터스와 어드벤스마이크로디바이스의 주가도 마찬가지인 것 같네. 그렇다면 다음 주에 청약할 상품은 ELS30001. 이번에는 마음에 드는 상품이 하나지만 때로는 둘 이상이어서 청약을 나누어서 할 때도 있어. 청약할 수 있는 상품이 모두 마음에 들지 않아서 그냥 넘길 때도 있고. 이것저것 따져 볼 게 있지만, 몇 번 청약을 해 보면 상품을 고를 때 머리를 싸맬 정도는 아닐 거야.

어머나, 벌써 엄마가 도착할 시간이야. 이쯤에서 끝내자. 지금까지 배운 것만 잘 소화하면 틀림없이 너도 평생 경제적 여유를 누리며 살 거라고 장담해. 이제 투자 경험을 쌓으며 네게 맞는 투자 방식과 금융 상품을 찾아야지. 첫술에 배부를 수 없고, 경제를 알고 경험이 쌓여야 금융 투자를 잘할 수 있으니까 조급해 하진 말아.

자, 우리 집에서 보낸 4박 5일에 대한 네 소감은? 다행이다! 너무 좋았다니. 금융 이해력이 확실히 좋아진 것 같다고? 투자를 해 보고 싶은 마음도 생겼고? 오, 대단한걸! 근데 착각했던 것은 뭔데? 엄마가 항상 내가 잘 산다고 부러워하기에 엄청난 부자일 거라고 생각했는데 아니라고? 하하, 내가 대궐 같은 곳에서 살지 않아서 실망했나 보구나.

음, 그런데 내가 정말 잘산다는 엄마의 말이 틀린 건 아니라고? 아, 엄청난 부자라는 말보다 정말 잘산다는 말이 더 듣기 좋은걸! 그래, 맞아. 내가 좋아하는 일을 즐기면서 하고, 이 마을 사람들과 어울리며 맘껏 웃고 사니까 잘사는 게 맞아. 게다가 투자도 제법 잘하고 말이지. 돈과 금융을 잘 알고 돈이 모이는 생활 습관을 익혔더니 애쓰지 않아도 자연스레 돈이 계속 불어나는 재무 상태가 만들어졌고 말이야.

궁금한 게 있는데, 네 꿈은 여전히 부자가 되는 거니? 꿈에 대한 생각은 조금 달라졌지만 돈 걱정 없이 사는 사람은 꼭 될 거라고? 오, 정말 대단한걸! 꿈을 조금 수정해 볼 거라니, 나도 기대해 볼게!

나가는 글

돈의 주인도,
하인도 되지 말자

돈 관리를 제대로 할 줄 알면 평생 돈 걱정하지 않고 살 수 있어. 그런데 한 가지 명심할 점은 돈에 대한 욕심을 다스릴 수 있어야 한다는 거야. 돈을 모으고 불리는 일에 열중하다 보면 자기도 모르는 사이에 돈에 대한 욕심이 커지기 마련이거든. '아홉 섬 추수한 자가 한 섬 추수한 자더러 그 한 섬을 채워 열 섬으로 달라 한다'는 속담이 있어. 돈을 많이 가지면 가질수록 돈에 대한 욕심이 더욱 커짐을 비유한 말이야. 돈 욕심이 커지면 돈의 주인이 아니라 돈의 하인으로 살 수 있으니, 그렇게 되지 않도록 조심해야 돼.

영국의 철학자이자 정치가인 프랜시스 베이컨은 '돈은 가장 좋은 하인이며, 가장 나쁜 주인이다'라고 했어. 돈이 많으면 사고 싶은 것도 거리낌 없이 살 수 있고, 취미생활도 실컷 즐길 수 있어. 또 남을 위해서 좋은 일도 얼마든지 할 수 있지. 원하는 것들을 마음껏 누릴 수 있게 해 주니 돈이 가장 좋은 하인인 거야. 하지만 돈 욕심으로 꽉 차서 수단과 방법을 가리지 않고 돈을 벌고, 모으고, 불리려고 하거나 모든 가치를 돈으로 재면서 살면 사람이 지녀야 할 소중한 가치를 잃어버릴 수 있단다. 돈이라는 나쁜 주인에게 영혼을 빼앗기면 돈으로 살 수 없는 아름다운 가치들을 누리지 못하는 사람이 되는 거지.

　돈으로 살 수 있는 것과 돈으로 살 수 없는 것을 한번 적어 볼까? 좋은 집, 예쁜 옷, 최신 스마트폰, 편안한 침대, 맛있는 음식은 돈으로 살 수 있어. 하지만 행복한 가정, 친구 사이의 우정, 달콤한 잠, 평생의 건강, 삶의 지혜와 용기 등은 돈으로 살 수 있는 게 아니야. 그러고 보니 돈으로 살 수 없지만 돈이 없어도 누릴 수 있는 아름다운 가치도 많지?

　내가 만든 행복 지수 공식이 있어. 분자는 내가 가진 돈이고, 분모는 나의 욕망이야. 분자를 분모로 나누어 나오는 숫자가 행복 지수이고. 돈이 불어나서 분자가 커지면 행복 지수가 커져. 나의 욕망을 줄여서 분모를 줄여도 행복 지수는 커지고. 그러니까 행복은 내가 분모를 줄이기만 하면 얼마든지 커지는 거지.

사람마다 자신의 욕망을 다스리는 방법이 있을 거야. 난 이런 생각을 하면 마냥 행복해져. '난 지금 세계 제일의 부자였던 록펠러보다도 더 큰 문명의 혜택을 누리며 살아. 그러니까 내가 록펠러보다 더 부자인 셈이야.' 공원을 산책하면서도 이렇게 말하지. '난 이 공원의 주인이야. 언제든지 여기를 내 마음대로 다닐 수 있으니까.'

돈을 많이 가졌지만 욕심만 가득 차 만족할 줄 모르는 것만큼 불행한 게 없어. 돈을 주인으로도, 하인으로도 만들지 마. 친구처럼 사귀면 내가 필요할 때 도움을 받을 수도 있고, 언제나 든든하게 곁에 둘 수도 있을 거야.

사회 쫌 아는 십대 14

돈과 금융 쫌 아는 10대
차곡차곡 모으고 슬금슬금 불리는 법

초판 1쇄 발행 2021년 12월 20일
초판 3쇄 발행 2022년 11월 1일

지은이 석혜원
그린이 신병근
함께 그린이 이혜원 · 선주리

펴낸이 홍석
이사 홍성우
인문편집팀장 박월
편집 박주혜
디자인 신병근
마케팅 이송희 · 한유리 · 이민재
관리 최우리 · 김정선 · 정원경 · 홍보람 · 조영행 · 김지혜

펴낸곳 도서출판 풀빛
등록 1979년 3월 6일 제2021-000055호
주소 07547 서울시 강서구 양천로 583, 우림블루나인 A동 21층 2110호
전화 02-363-5995(영업), 02-364-0844(편집)
팩스 070-4275-0445
홈페이지 www.pulbit.co.kr
전자우편 inmun@pulbit.co.kr

ISBN 979-11-6172-821-6 44320
ISBN 979-11-6172-731-8 44080(세트)

이 책은 저작권법에 따라 보호받는 저작물이므로 무단전재와 복제를 금지하며,
이 책 내용의 전부 또는 일부를 이용하려면 반드시 저작권자와 도서출판 풀빛의
서면 동의를 받아야 합니다.

• 책값은 뒤표지에 표시되어 있습니다.
• 파본이나 잘못된 책은 구입하신 곳에서 바꿔드립니다.